사고력 수학 소마가 개발한 연산학습의 새 기준!!
소마의 마술같은 원리셈

소마셈

KB094293

수학이 즐거워지는 특별한 수학교실
소마에서 개발한 연산교재 소마셈 **소마셈**

2002년 대치소마 개원 이후로 끊임없는 교재 연구와 교구의 개발은 소마의 자랑이자 자부심입니다. 교구, 게임, 토론 등의 다양한 활동식 수업으로 스스로 문제해결능력을 키우고, 아이들이 수학에 대한 흥미와 자신감을 가질 수 있도록 차별성 있는 수업을 해 온 소마에서 연산 학습의 새로운 패러다임을 제시합니다.

연산 교육의 현실

연산 교육의 가장 큰 폐해는 '초등 고학년 때 연산이 빠르지 않으면 고생한다.'는 기존 연산 학습지의 왜곡된 마케팅으로 인해 단순 반복을 통한 기계적 연산을 강조하는 것입니다. 하지만, 기계적 반복을 위주로 하는 연산은 개념과 원리가 빠진 연산 학습으로써 아이들이 수학을 싫어하게 만들 뿐 아니라 사고의 확장을 막는 학습방법입니다.

초등수학 교과과정과 연산

초등교육과정에서는 문자와 기호를 사용하지 않고 말로 풀어서 연산의 개념과 원리를 설명하다가 중등교육과정부터 문자와 기호를 사용합니다. 교과서를 살펴보면 모든 연산의 도입에 원리가 잘 설명되어 있습니다. 요즘 현실에서는 연산의 원리를 묻는 서술형 문제도 많이 출제되고 있는데 연산은 연습이 우선이라는 인식이 아직도 지배적입니다.

연산 학습은 어떻게?

연산 교육은 별도로 떼어내어 추상적인 숫자나 기호만 가지고 다뤄서는 절대로 안됩니다. 구체물을 가지고 생각하고 이해한 후, 연산 연습을 하는 것이 필요합니다. 또한, 속도보다 정확성을 위주로 학습하여 실수를 극복할 수 있는 좋은 습관을 갖추는 데에 초점을 맞춰야 합니다.

소마셈 연산학습 방법

10이 넘는 한 자리 덧셈　　구체물을 통한 개념의 이해

덧셈과 뺄셈의 기본은 수를 세는 데에 있습니다. 8+4는 8에서 1씩 4번을 더 센 것이라는 개념이 중요합니다. 10의 보수를 이용한 받아 올림을 생각하면 8+4는 (8+2)+2지만 연산 공부를 시작할 때에는 덧셈의 기본 개념에 충실한 것이 좋습니다. 이 책은 구체물을 통해 개념을 이해할 수 있도록 구체적인 예를 든 연산 문제로 구성하였습니다.

가로셈　　가로셈을 통한 수에 대한 사고력 기르기

세로셈이 잘못된 방법은 아니지만 연산의 원리는 잊고 받아 올림한 숫자는 어디에 적어야 하는지만을 기억하여 마치 공식처럼 풀게 합니다. 기계적으로 반복하는 연습은 생각없이 연산을 하게 만듭니다. 가로셈을 통해 원리를 생각하고 수를 쪼개고 붙이는 등의 과정에서 키워질 수 있는 수에 대한 사고력도 매우 중요합니다.

곱셈구구　　곱셈도 개념 이해를 바탕으로

곱셈구구는 암기에만 초점을 맞추면 부작용이 큽니다. 곱셈은 덧셈을 압축한 것이라는 원리를 이해하며 구구단을 외움으로써 연산을 빨리 할 수 있다는 것을 알게 해야 합니다. 곱셈구구를 외우는 것도 중요하지만 곱셈의 의미를 정확하게 아는 것이 더 중요합니다. 4×3을 할 줄 아는 학생이 두 자리 곱하기 한 자리는 안 배워서 45×3을 못 한다고 말하는 일은 없도록 해야 합니다.

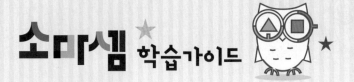
소마샘 학습가이드

K단계 (5, 6, 7세) • 연산을 시작하는 단계

뛰어세기, 거꾸로 뛰어세기를 통해 수의 연속한 성질(linearity)을 이해하고 덧셈, 뺄셈을 공부합니다. 각 권의 호흡은 짧지만 일관성 있는 접근으로 자연스럽게 나선형식 반복학습의 효과가 있도록 하였습니다.

학습대상 : 연산을 시작하는 아이와 한 자리 수 덧셈을 구체물(손가락 등)을 이용하여 해결하는 아이
학습목표 : 수와 연산의 튼튼한 기초 만들기

P단계 (7세, 1학년) • 받아올림이 있는 덧셈, 뺄셈을 배울 준비를 하는 단계

5, 6, 9 뛰어세기를 공부하면서 10을 이용한 더하기, 빼기의 편리함을 알도록 한 후, 가르기와 모으기의 집중학습으로 보수 익히기, 10의 보수를 이용한 덧셈, 뺄셈의 원리를 공부합니다.

학습대상 : 받아올림이 없는 한 자리 수의 덧셈을 할 줄 아는 학생
학습목표 : 받아올림이 있는 연산의 토대 만들기

A단계 (1학년) • 초등학교 1학년 교과과정 연산

받아올림이 있는 한 자리 수의 덧셈, 뺄셈은 연산 전체에 매우 중요한 단계입니다. 원리를 정확하게 알고 A1에서 A4까지 총 4권에서 한 자리 수의 연산을 다양한 과정으로 연습하도록 하였습니다.

학습대상 : 초등학교 1학년 수학교과과정을 공부하는 학생
학습목표 : 10의 보수를 이용한 받아올림이 있는 덧셈, 뺄셈

B단계 (2학년) • 초등학교 2학년 교과과정 연산

두 자리, 세 자리 수의 연산을 다룬 후 곱셈, 나눗셈을 다루는 과정에서 곱셈구구의 암기를 확인하기보다는 곱셈구구를 외우는데 도움이 되고, 곱셈, 나눗셈의 원리를 확장하여 사고할 수 있도록 하는데 초점을 맞추었습니다.

학습대상 : 초등학교 2학년 수학교과과정을 공부하는 학생
학습목표 : 덧셈, 뺄셈의 완성 / 곱셈, 나눗셈의 원리를 정확하게 알고 개념 확장

C단계 (3학년) • 초등학교 3, 4학년 교과과정 연산

B단계까지의 소마샘은 다양한 문제를 통해서 학생들이 즐겁게 연산을 공부하고 원리를 정확하게 알게 하는데 초점을 맞추었다면, C단계는 3학년 과정의 큰 수의 연산과 4학년 과정의 혼합 계산, 괄호를 사용한 식 등, 필수 연산의 연습을 충실히 할 수 있도록 하였습니다.

학습대상 : 초등학교 3, 4학년 수학교과과정을 공부하는 학생
학습목표 : 큰 수의 곱셈과 나눗셈, 혼합 계산

D단계 (4학년) • 초등학교 4, 5학년 교과과정 연산

분모가 같은 분수의 덧셈과 뺄셈, 소수의 덧셈과 뺄셈을 공부하여 초등 4학년 과정 연산을 마무리하고 초등 5학년 연산과정에서 가장 중요한 약수와 배수, 분모가 다른 분수의 덧셈과 뺄셈을 충분히 익힐 수 있도록 하였습니다.

학습대상 : 초등학교 4, 5학년 수학교과과정을 공부하는 학생
학습목표 : 분모가 같은 분수의 덧셈과 뺄셈, 소수의 덧셈과 뺄셈, 분모가 다른 분수의 덧셈과 뺄셈

소마셈 단계별 학습내용

K단계 추천연령 : 5, 6, 7세

단계	K1	K2	K3	K4
권별 주제	10까지의 더하기와 빼기 1	20까지의 더하기와 빼기 1	10까지의 더하기와 빼기 2	20까지의 더하기와 빼기 2
단계	K5	K6	K7	K8
권별 주제	10까지의 더하기와 빼기 3	20까지의 더하기와 빼기 3	20까지의 더하기와 빼기 4	7까지의 가르기와 모으기

P단계 추천연령 : 7세, 1학년

단계	P1	P2	P3	P4
권별 주제	30까지의 더하기와 빼기 5	30까지의 더하기와 빼기 6	30까지의 더하기와 빼기 10	30까지의 더하기와 빼기 9
단계	P5	P6	P7	P8
권별 주제	9까지의 가르기와 모으기	10 가르기와 모으기	10을 이용한 더하기	10을 이용한 빼기

A단계 추천연령 : 1학년

단계	A1	A2	A3	A4
권별 주제	덧셈구구	뺄셈구구	세 수의 덧셈과 뺄셈	□가 있는 덧셈과 뺄셈
단계	A5	A6	A7	A8
권별 주제	(두 자리 수)+(한 자리 수)	(두 자리 수)−(한 자리 수)	두 자리 수의 덧셈과 뺄셈	□가 있는 두 자리 수의 덧셈과 뺄셈

B단계 추천연령 : 2학년

단계	B1	B2	B3	B4
권별 주제	(두 자리 수)+(두 자리 수)	(두 자리 수)−(두 자리 수)	세 자리 수의 덧셈과 뺄셈	덧셈과 뺄셈의 활용
단계	B5	B6	B7	B8
권별 주제	곱셈	곱셈구구	나눗셈	곱셈과 나눗셈의 활용

C단계 추천연령 : 3학년

단계	C1	C2	C3	C4
권별 주제	두 자리 수의 곱셈	두 자리 수의 곱셈과 활용	두 자리 수의 나눗셈	세 자리 수의 나눗셈과 활용
단계	C5	C6	C7	C8
권별 주제	큰 수의 곱셈	큰 수의 나눗셈	혼합 계산	혼합 계산의 활용

D단계 추천연령 : 4학년

단계	D1	D2	D3	D4
권별 주제	분모가 같은 분수의 덧셈과 뺄셈(1)	분모가 같은 분수의 덧셈과 뺄셈(2)	소수의 덧셈과 뺄셈	약수와 배수
단계	D5	D6		
권별 주제	분모가 다른 분수의 덧셈과 뺄셈(1)	분모가 다른 분수의 덧셈과 뺄셈(2)		

구성과 특징

1

수 이야기

생활 속의 수 이야기를 통해 수와 연산의 이해를 돕습니다. 수의 역사나 재미있는 연산 문제를 접하면서 수학이 재미있는 공부가 되도록 합니다.

2

원리

가장 기본적인 연산의 원리를 소개합니다. 이때 다양한 방법을 제시하되 가장 효과적인 방법을 적용할 수 있도록 단계적으로 접근하여 충분한 원리의 이해를 돕습니다.

연습

원리의 이해를 바탕으로 연산이 익숙해지도록 연습합니다. 먼저 반복적인 연산 연습 후에 나아가 배운 원리를 활용하여 확장된 문제를 해결합니다.

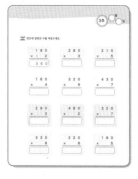

Drill (보충학습)

주차별 주제에 대한 연습이 더 필요한 경우 보충학습을 활용합니다.

 연산과정의 확인이 필수적인 주제는 Drill 의 양을 2배로 담았습니다.

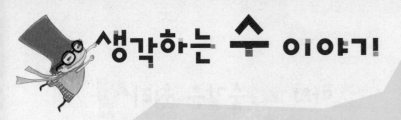

이집트인들이 사용한 분수

고대 이집트 시대부터 사용해온 분수는 오늘날 사용하는 분수와 어떤 차이가 있을까요? 이집트 분수의 특징 중 하나는 모든 분수를 단위분수와 $\frac{2}{3}$ 를 사용하여 나타내었어요. 단위분수란 $\frac{1}{2}$, $\frac{1}{3}$, $\frac{1}{4}$ … 과 같이 분자가 1인 분수를 말하는데 그들이 사용하던 수 위에 ⬭ 와 같은 표시를 해서 단위분수를 나타내었어요. 그 중에서도 $\frac{1}{2}$ 과 $\frac{2}{3}$ 는 이처럼 특별하게 나타내었답니다.

⬭ ⫼⫼	⬭ ⫼⫼	⬭ ⫼⫼⫼	⬭ ⫼⫼⫼	⬭ ⫼⫼⫼⫼	⬭ ⫼⫼⫼⫼	⬭ ⫼⫼⫼⫼⫼	⬭ ∩
$\frac{1}{3}$	$\frac{1}{4}$	$\frac{1}{5}$	$\frac{1}{6}$	$\frac{1}{7}$	$\frac{1}{8}$	$\frac{1}{9}$	$\frac{1}{10}$

⏋	⬭ ⫼⫼
$\frac{1}{2}$	$\frac{2}{3}$

옛 이집트인들이 분수를 단위분수의 합으로 나타낸 것은 어떠한 물건을 나눌 때 공평하게 나누기 위한 합리적인 사고를 했음을 알 수 있습니다.

예를 들어 빵 3개를 네 사람이 똑같이 나누어 가지려면 먼저 빵 2개를 반쪽씩 나누어 가지고, 남은 1개를 4등분해서 나누어 가지면 됩니다.

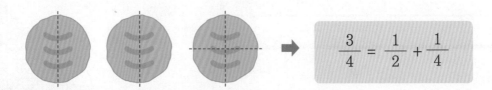

소마셈 D5 – 1주차

분모가 다른 진분수의 덧셈

진분수의 덧셈 (1)

 다음과 같이 두 분모의 곱을 공통분모로 하여 통분한 후 덧셈을 하세요. 이때 계산 결과는 기약분수로 나타내고, 가분수이면 대분수로 나타내세요.

분모의 곱을 공통분모로 하여 계산하기

$$\frac{1}{2} + \frac{2}{5} = \frac{5}{10} + \frac{4}{10} = \frac{9}{10}$$

$$\frac{1}{3} + \frac{2}{7} = \frac{1 \times \boxed{7}}{3 \times \boxed{7}} + \frac{2 \times \boxed{3}}{7 \times \boxed{3}} = \frac{\boxed{}}{\boxed{}} + \frac{\boxed{}}{\boxed{}} = \frac{\boxed{}}{\boxed{}}$$

$$\frac{2}{3} + \frac{3}{4} = \frac{2 \times \boxed{}}{3 \times \boxed{}} + \frac{3 \times \boxed{}}{4 \times \boxed{}} = \frac{\boxed{}}{\boxed{}} + \frac{\boxed{}}{\boxed{}} = \frac{\boxed{}}{\boxed{}} = \boxed{}\frac{\boxed{}}{\boxed{}}$$

$$\frac{3}{4} + \frac{4}{5} = \frac{3 \times \boxed{}}{4 \times \boxed{}} + \frac{4 \times \boxed{}}{5 \times \boxed{}} = \frac{\boxed{}}{\boxed{}} + \frac{\boxed{}}{\boxed{}} = \frac{\boxed{}}{\boxed{}} = \boxed{}\frac{\boxed{}}{\boxed{}}$$

TIP

두 분수의 분모가 다르기 때문에 통분을 먼저 해야 합니다. 통분을 하는 여러 가지 방법 중 위와 같은 방법은 두 분모의 곱을 공통분모로 하여 통분한 후 통분한 분모는 그대로 두고 분자끼리 더하면 됩니다.

분모의 곱을 공통분모로 하여 통분한 후 덧셈을 하세요. 계산 결과는 기약분수로 나타내고, 가분수이면 대분수로 나타내세요.

$\dfrac{1}{2} + \dfrac{1}{3} = \dfrac{5}{6}$

$\dfrac{1}{3} + \dfrac{1}{4} =$

$\dfrac{2}{3} + \dfrac{1}{4} =$

$\dfrac{3}{4} + \dfrac{1}{3} =$

$\dfrac{2}{3} + \dfrac{4}{5} =$

$\dfrac{3}{5} + \dfrac{3}{4} =$

$\dfrac{1}{4} + \dfrac{4}{5} =$

$\dfrac{1}{3} + \dfrac{7}{8} =$

$\dfrac{5}{7} + \dfrac{2}{3} =$

$\dfrac{1}{4} + \dfrac{4}{7} =$

$\dfrac{7}{8} + \dfrac{2}{5} =$

$\dfrac{3}{7} + \dfrac{5}{8} =$

$\dfrac{1}{2} + \dfrac{5}{11} =$

$\dfrac{2}{3} + \dfrac{3}{10} =$

분모의 곱을 공통분모로 하여 통분한 후 덧셈을 하세요. 계산 결과는 기약분수로 나타내고, 가분수이면 대분수로 나타내세요.

$\dfrac{4}{5} + \dfrac{1}{3} = \boxed{1\dfrac{2}{15}}$

$\dfrac{2}{3} + \dfrac{2}{7} = \boxed{}$

$\dfrac{2}{3} + \dfrac{5}{8} = \boxed{}$

$\dfrac{3}{4} + \dfrac{1}{5} = \boxed{}$

$\dfrac{1}{2} + \dfrac{6}{7} = \boxed{}$

$\dfrac{1}{2} + \dfrac{4}{9} = \boxed{}$

$\dfrac{1}{3} + \dfrac{4}{7} = \boxed{}$

$\dfrac{1}{7} + \dfrac{5}{6} = \boxed{}$

$\dfrac{2}{7} + \dfrac{1}{4} = \boxed{}$

$\dfrac{3}{8} + \dfrac{4}{7} = \boxed{}$

$\dfrac{3}{7} + \dfrac{2}{9} = \boxed{}$

$\dfrac{7}{9} + \dfrac{1}{4} = \boxed{}$

$\dfrac{4}{5} + \dfrac{7}{12} = \boxed{}$

$\dfrac{2}{13} + \dfrac{2}{5} = \boxed{}$

진분수의 덧셈 (2)

 다음과 같이 두 분모의 최소공배수를 공통분모로 하여 통분한 후 덧셈을 하세요. 이때 계산 결과는 기약분수로 나타내고, 가분수이면 대분수로 나타내세요.

분모의 최소공배수를 공통분모로 하여 통분하기

$$\frac{3}{4} + \frac{1}{6} = \frac{9}{12} + \frac{2}{12} = \frac{11}{12}$$

4와 6의 최소공배수

$$\frac{1}{3} + \frac{5}{6} = \frac{1 \times \boxed{2}}{3 \times \boxed{2}} + \frac{5 \times \boxed{1}}{6 \times \boxed{1}} = \frac{\boxed{}}{\boxed{}} + \frac{\boxed{}}{\boxed{}} = \frac{\boxed{}}{\boxed{}} = \boxed{}\frac{\boxed{}}{\boxed{}}$$

3과 6의 최소공배수 :

$$\overline{)\ 3 \quad 6 \ }$$

$$\frac{1}{6} + \frac{3}{8} = \frac{1 \times \boxed{}}{6 \times \boxed{}} + \frac{3 \times \boxed{}}{8 \times \boxed{}} = \frac{\boxed{}}{\boxed{}} + \frac{\boxed{}}{\boxed{}} = \frac{\boxed{}}{\boxed{}}$$

TIP

두 분모의 최소공배수를 공통분모로 하여 통분한 후 통분한 분모는 그대로 두고 분자끼리 더하면 됩니다.

 분모의 최소공배수를 공통분모로 하여 통분한 후 덧셈을 하세요. 계산 결과는 기약분수로 나타내고, 가분수이면 대분수로 나타내세요.

$\dfrac{1}{2} + \dfrac{3}{4} =$ $\boxed{1\dfrac{1}{4}}$ $\qquad$ $\dfrac{1}{3} + \dfrac{1}{6} =$ $\boxed{}$

$\dfrac{1}{4} + \dfrac{5}{8} =$ $\boxed{}$ $\qquad$ $\dfrac{1}{2} + \dfrac{5}{6} =$ $\boxed{}$

$\dfrac{2}{5} + \dfrac{7}{10} =$ $\boxed{}$ $\qquad$ $\dfrac{8}{25} + \dfrac{1}{5} =$ $\boxed{}$

$\dfrac{5}{6} + \dfrac{7}{12} =$ $\boxed{}$ $\qquad$ $\dfrac{3}{20} + \dfrac{4}{5} =$ $\boxed{}$

$\dfrac{4}{7} + \dfrac{3}{14} =$ $\boxed{}$ $\qquad$ $\dfrac{1}{2} + \dfrac{11}{12} =$ $\boxed{}$

$\dfrac{2}{21} + \dfrac{6}{7} =$ $\boxed{}$ $\qquad$ $\dfrac{1}{3} + \dfrac{7}{12} =$ $\boxed{}$

$\dfrac{3}{8} + \dfrac{3}{16} =$ $\boxed{}$ $\qquad$ $\dfrac{1}{6} + \dfrac{7}{18} =$ $\boxed{}$

분모의 최소공배수를 공통분모로 하여 통분한 후 덧셈을 하세요. 계산 결과는 기약분수로 나타내고, 가분수이면 대분수로 나타내세요.

$\dfrac{1}{5} + \dfrac{7}{15} =$

$\dfrac{7}{8} + \dfrac{1}{4} =$

$\dfrac{2}{3} + \dfrac{5}{9} =$

$\dfrac{3}{8} + \dfrac{5}{24} =$

$\dfrac{4}{9} + \dfrac{5}{6} =$

$\dfrac{1}{4} + \dfrac{3}{10} =$

$\dfrac{1}{6} + \dfrac{7}{10} =$

$\dfrac{3}{4} + \dfrac{9}{14} =$

$\dfrac{8}{9} + \dfrac{1}{12} =$

$\dfrac{4}{7} + \dfrac{5}{28} =$

$\dfrac{7}{8} + \dfrac{13}{24} =$

$\dfrac{5}{9} + \dfrac{5}{24} =$

$\dfrac{11}{12} + \dfrac{4}{15} =$

$\dfrac{7}{20} + \dfrac{9}{30} =$

진분수의 덧셈 (3)

 분수를 통분하여 덧셈을 하고 기약분수로 나타내세요.

$$\frac{1}{2} + \frac{2}{3} = \boxed{1\frac{1}{6}}$$

$$\frac{1}{4} + \frac{5}{6} = \boxed{}$$

$$\frac{1}{3} + \frac{7}{9} = \boxed{}$$

$$\frac{4}{5} + \frac{5}{8} = \boxed{}$$

$$\frac{3}{4} + \frac{3}{7} = \boxed{}$$

$$\frac{8}{9} + \frac{7}{18} = \boxed{}$$

$$\frac{7}{8} + \frac{1}{12} = \boxed{}$$

$$\frac{3}{5} + \frac{5}{12} = \boxed{}$$

$$\frac{2}{3} + \frac{7}{15} = \boxed{}$$

$$\frac{5}{6} + \frac{11}{12} = \boxed{}$$

TIP

1일차의 두 분모의 곱으로 통분을 하는 방법은 공통분모를 구하기 편하지만 계산 결과의 분모
와 분자가 커지는 단점이 있습니다.
또한 2일차의 두 분모의 최소공배수로 통분을 하는 방법은 분자끼리의 덧셈이 간단한 반면,
최소공배수를 구하는 과정이 필요하다는 단점이 있습니다. 그러므로 상황에 따라 더 적합한
통분방법을 선택하여 계산하도록 해야 합니다.

분수를 통분하여 덧셈을 하고 기약분수로 나타내세요.

$\dfrac{2}{3} + \dfrac{3}{4} =$

$\dfrac{3}{4} + \dfrac{7}{8} =$

$\dfrac{2}{3} + \dfrac{9}{10} =$

$\dfrac{1}{2} + \dfrac{3}{8} =$

$\dfrac{5}{6} + \dfrac{5}{16} =$

$\dfrac{6}{7} + \dfrac{4}{5} =$

$\dfrac{1}{3} + \dfrac{9}{14} =$

$\dfrac{7}{15} + \dfrac{7}{9} =$

$\dfrac{9}{10} + \dfrac{2}{15} =$

$\dfrac{1}{12} + \dfrac{8}{15} =$

$\dfrac{9}{14} + \dfrac{1}{7} =$

$\dfrac{7}{12} + \dfrac{7}{16} =$

$\dfrac{5}{16} + \dfrac{7}{18} =$

$\dfrac{9}{14} + \dfrac{14}{21} =$

진분수끼리의 덧셈 퍼즐 (1)

 빈 곳에 알맞은 수를 써넣으세요. 계산 결과는 기약분수로 나타내고, 가분수이면 대분수
로 나타내세요.

$\dfrac{2}{5}$ → $+ \dfrac{7}{20}$ → $\dfrac{3}{4}$

$\dfrac{5}{8}$ → $+ \dfrac{5}{12}$ →

$\dfrac{4}{5}$ → $+ \dfrac{11}{12}$ →

$\dfrac{7}{12}$ → $+ \dfrac{8}{15}$ →

$\dfrac{2}{3}$ → $+ \dfrac{7}{10}$ →

$\dfrac{3}{4}$ → $+ \dfrac{10}{11}$ →

$\dfrac{2}{9}$ → $+ \dfrac{5}{8}$ →

$\dfrac{1}{2}$ → $+ \dfrac{4}{17}$ →

빈 곳에 알맞은 수를 써넣으세요. 계산 결과는 기약분수로 나타내고, 가분수이면 대분수로 나타내세요.

$\dfrac{5}{6}$ → $+\dfrac{7}{12}$ →

$\dfrac{1}{7}$ → $+\dfrac{4}{5}$ →

$\dfrac{7}{9}$ → $+\dfrac{4}{15}$ →

$\dfrac{5}{12}$ → $+\dfrac{11}{24}$ →

$\dfrac{3}{14}$ → $+\dfrac{16}{21}$ →

$\dfrac{3}{8}$ → $+\dfrac{3}{14}$ →

$\dfrac{5}{8}$ → $+\dfrac{7}{9}$ →

$\dfrac{7}{8}$ → $+\dfrac{17}{18}$ →

진분수끼리의 덧셈 퍼즐 (2)

 빈 곳에 두 분수의 합을 써넣으세요. 계산 결과는 기약분수로 나타내고, 가분수이면 대분수로 나타내세요.

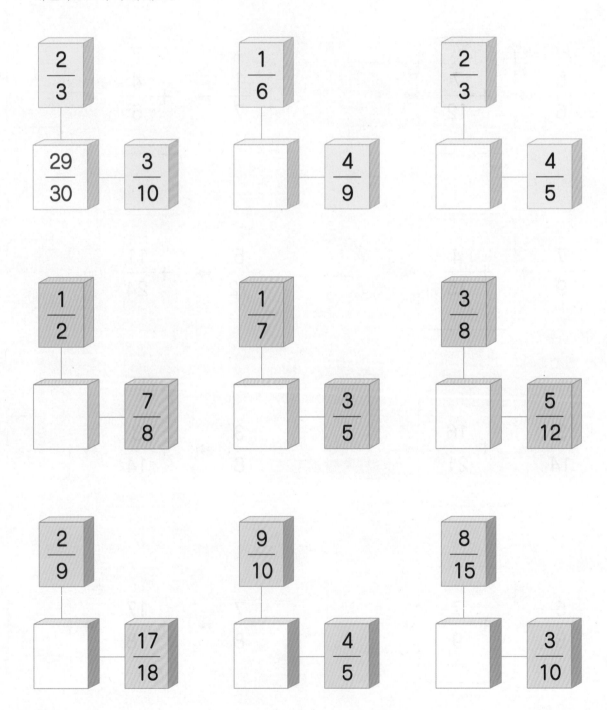

월
일

🌱 빈 곳에 두 분수의 합을 써넣으세요. 계산 결과는 기약분수로 나타내고, 가분수이면
대분수로 나타내세요.

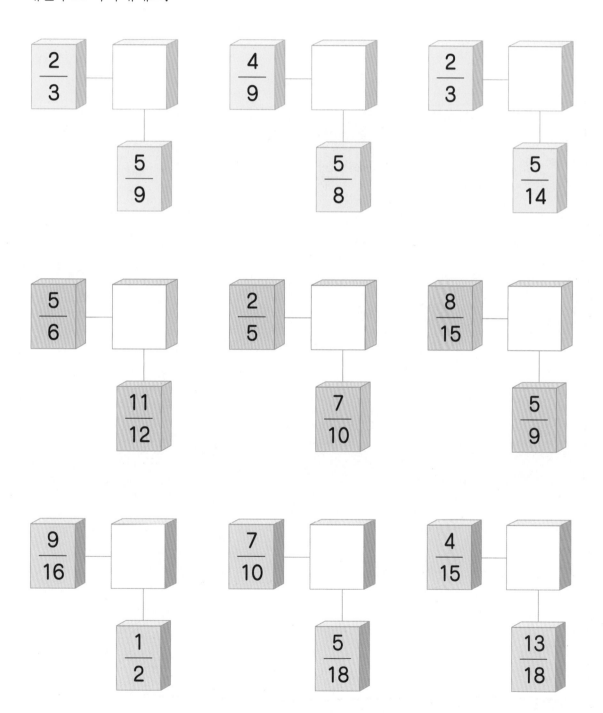

소마셈 D5 - 2주차

분모가 다른 대분수의 덧셈

대분수의 덧셈 (1)

 다음과 같이 두 분모의 최소공배수를 공통분모로 하여 통분한 후 덧셈을 하세요. 이때 계산 결과는 기약분수로 나타내세요.

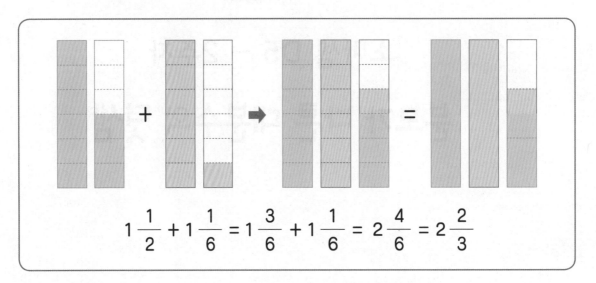

$$1\frac{1}{2} + 1\frac{1}{6} = 1\frac{3}{6} + 1\frac{1}{6} = 2\frac{4}{6} = 2\frac{2}{3}$$

3+8=11

$$1\frac{1}{4} + 1\frac{2}{3} = \boxed{}\frac{\boxed{}}{\boxed{}} + \boxed{}\frac{\boxed{}}{\boxed{}} = \boxed{}\frac{\boxed{}}{\boxed{}}$$

1+1=2

$$1\frac{1}{6} + 2\frac{1}{12} = \boxed{}\frac{\boxed{}}{\boxed{}} + \boxed{}\frac{\boxed{}}{\boxed{}} = \boxed{}\frac{\boxed{}}{\boxed{}} = \boxed{}\frac{\boxed{}}{\boxed{}}$$

TIP

두 분모의 최소공배수를 공통분모로 하여 두 분수의 분모를 먼저 통분합니다. 그리고 자연수는 자연수끼리, 분수는 분수끼리 더합니다.

분수를 통분하여 덧셈을 하고 기약분수로 나타내세요.

$2\dfrac{1}{2} + 1\dfrac{1}{7} = \boxed{3\dfrac{9}{14}}$

$2\dfrac{1}{3} + 1\dfrac{2}{7} = \boxed{}$

$1\dfrac{1}{3} + 1\dfrac{1}{9} = \boxed{}$

$1\dfrac{1}{3} + 2\dfrac{3}{8} = \boxed{}$

$2\dfrac{1}{3} + 2\dfrac{3}{5} = \boxed{}$

$1\dfrac{3}{5} + 1\dfrac{1}{4} = \boxed{}$

$3\dfrac{1}{4} + 1\dfrac{2}{7} = \boxed{}$

$3\dfrac{2}{5} + 1\dfrac{3}{10} = \boxed{}$

$2\dfrac{1}{4} + 3\dfrac{1}{6} = \boxed{}$

$3\dfrac{5}{6} + 2\dfrac{1}{12} = \boxed{}$

$4\dfrac{1}{2} + 1\dfrac{2}{7} = \boxed{}$

$1\dfrac{3}{8} + 3\dfrac{5}{18} = \boxed{}$

$3\dfrac{3}{8} + 1\dfrac{3}{10} = \boxed{}$

$2\dfrac{5}{12} + 1\dfrac{7}{18} = \boxed{}$

분수를 통분하여 덧셈을 하고 기약분수로 나타내세요.

$1\dfrac{2}{5} + 1\dfrac{1}{7} = \boxed{2\dfrac{19}{35}}$　　　　$2\dfrac{1}{3} + 1\dfrac{1}{4} = \boxed{}$

$2\dfrac{1}{4} + 1\dfrac{5}{8} = \boxed{}$　　　　$1\dfrac{1}{6} + 3\dfrac{4}{9} = \boxed{}$

$1\dfrac{1}{2} + 3\dfrac{2}{5} = \boxed{}$　　　　$2\dfrac{1}{4} + 3\dfrac{1}{6} = \boxed{}$

$3\dfrac{1}{8} + 1\dfrac{5}{14} = \boxed{}$　　　　$3\dfrac{1}{3} + 1\dfrac{2}{15} = \boxed{}$

$2\dfrac{1}{6} + 2\dfrac{5}{8} = \boxed{}$　　　　$2\dfrac{1}{9} + 2\dfrac{2}{6} = \boxed{}$

$3\dfrac{1}{10} + 1\dfrac{3}{20} = \boxed{}$　　　　$2\dfrac{3}{14} + 1\dfrac{4}{21} = \boxed{}$

$4\dfrac{2}{3} + 2\dfrac{1}{18} = \boxed{}$　　　　$5\dfrac{3}{10} + 1\dfrac{1}{25} = \boxed{}$

대분수의 덧셈 (2)

 다음과 같이 두 분모의 최소공배수를 공통분모로 하여 통분한 후 덧셈을 하세요. 이때 계산 결과는 기약분수로 나타내고, 가분수이면 대분수로 나타내세요.

$$2\frac{2}{3} + 1\frac{5}{7} = 2\frac{14}{21} + 1\frac{15}{21} = 3 + \frac{29}{21} = 3 + 1\frac{8}{21} = 4\frac{8}{21}$$

$$1\frac{3}{4} + 1\frac{5}{6} = 1\boxed{\frac{9}{12}} + 1\boxed{\frac{10}{12}} = \boxed{} + \boxed{}$$

$$= \boxed{} + \boxed{}\boxed{\frac{}{}} = \boxed{}\boxed{\frac{}{}}$$

$$2\frac{5}{6} + 1\frac{4}{9} = \boxed{}\boxed{\frac{}{}} + \boxed{}\boxed{\frac{}{}} = \boxed{} + \boxed{\frac{}{}}$$

$$= \boxed{} + \boxed{}\boxed{\frac{}{}} = \boxed{}\boxed{\frac{}{}}$$

 TIP

두 분모의 최소공배수를 공통분모로 하여 두 분수의 분모를 먼저 통분한 후 자연수는 자연수끼리, 분수는 분수끼리 더합니다. 분수 부분끼리의 합이 가분수이면, 대분수로 나타낸 후 자연수와 더합니다.

 분수를 통분하여 덧셈을 하세요. 계산 결과는 기약분수로 나타내고, 가분수이면 대분수로 나타내세요.

$2\dfrac{2}{3} + 1\dfrac{5}{9} = \boxed{4\dfrac{2}{9}}$

$1\dfrac{1}{2} + 3\dfrac{7}{8} = \boxed{}$

$1\dfrac{4}{5} + 1\dfrac{7}{10} = \boxed{}$

$1\dfrac{7}{24} + 3\dfrac{7}{8} = \boxed{}$

$2\dfrac{2}{3} + 3\dfrac{5}{6} = \boxed{}$

$1\dfrac{3}{4} + 1\dfrac{3}{7} = \boxed{}$

$1\dfrac{1}{2} + 4\dfrac{8}{11} = \boxed{}$

$2\dfrac{3}{5} + 1\dfrac{11}{12} = \boxed{}$

$3\dfrac{5}{6} + 2\dfrac{7}{9} = \boxed{}$

$1\dfrac{3}{5} + 1\dfrac{14}{25} = \boxed{}$

$3\dfrac{7}{8} + 2\dfrac{7}{20} = \boxed{}$

$2\dfrac{5}{6} + 2\dfrac{13}{30} = \boxed{}$

$3\dfrac{3}{5} + 2\dfrac{8}{15} = \boxed{}$

$5\dfrac{5}{11} + 1\dfrac{13}{22} = \boxed{}$

월 일

 분수를 통분하여 덧셈을 하세요. 계산 결과는 기약분수로 나타내고, 가분수이면 대분수로 나타내세요.

$4\dfrac{4}{5} + 1\dfrac{2}{9} = \boxed{}$

$2\dfrac{1}{2} + 1\dfrac{7}{8} = \boxed{}$

$1\dfrac{2}{3} + 3\dfrac{7}{12} = \boxed{}$

$2\dfrac{1}{4} + 1\dfrac{9}{10} = \boxed{}$

$3\dfrac{5}{6} + 3\dfrac{3}{10} = \boxed{}$

$1\dfrac{4}{5} + 5\dfrac{6}{7} = \boxed{}$

$2\dfrac{3}{4} + 2\dfrac{8}{9} = \boxed{}$

$1\dfrac{5}{6} + 4\dfrac{7}{8} = \boxed{}$

$1\dfrac{5}{6} + 2\dfrac{3}{11} = \boxed{}$

$1\dfrac{23}{25} + 1\dfrac{9}{50} = \boxed{}$

$3\dfrac{5}{6} + 1\dfrac{7}{22} = \boxed{}$

$2\dfrac{13}{17} + 1\dfrac{9}{34} = \boxed{}$

$3\dfrac{3}{4} + 2\dfrac{17}{30} = \boxed{}$

$2\dfrac{11}{12} + 2\dfrac{3}{16} = \boxed{}$

대분수의 덧셈 (3)

 분수를 통분하여 덧셈을 하고 기약분수로 나타내세요.

$2\dfrac{1}{3} + 2\dfrac{2}{9} = \boxed{4\dfrac{5}{9}}$

$2\dfrac{3}{4} + 3\dfrac{1}{7} = \boxed{}$

$2\dfrac{1}{2} + 1\dfrac{7}{10} = \boxed{}$

$3\dfrac{1}{2} + 3\dfrac{5}{9} = \boxed{}$

$3\dfrac{3}{4} + 1\dfrac{9}{10} = \boxed{}$

$1\dfrac{5}{6} + 5\dfrac{4}{9} = \boxed{}$

$4\dfrac{5}{6} + 1\dfrac{1}{12} = \boxed{}$

$1\dfrac{2}{5} + 1\dfrac{6}{13} = \boxed{}$

$1\dfrac{3}{10} + 2\dfrac{3}{8} = \boxed{}$

$2\dfrac{2}{11} + 1\dfrac{3}{22} = \boxed{}$

분모가 다른 대분수의 덧셈은 대분수를 가분수로 바꾸어 계산할 수도 있습니다. 하지만 대분수를 가분수로 바꾸면 수가 커져서 계산을 실수하기 쉽고, 계산 결과를 다시 대분수로 고쳐야 하기 때문에 두 분수를 통분한 후 자연수는 자연수끼리, 분수는 분수끼리 더하는 방법을 사용하는 것이 편합니다.

분수를 통분하여 덧셈을 하고 기약분수로 나타내세요.

$2\dfrac{1}{2} + 1\dfrac{1}{3} =$

$2\dfrac{1}{4} + 2\dfrac{5}{6} =$

$2\dfrac{2}{3} + 2\dfrac{7}{10} =$

$2\dfrac{3}{8} + 1\dfrac{5}{12} =$

$3\dfrac{4}{9} + 2\dfrac{5}{8} =$

$1\dfrac{2}{9} + 3\dfrac{17}{18} =$

$1\dfrac{8}{15} + 1\dfrac{3}{10} =$

$3\dfrac{7}{12} + 3\dfrac{8}{15} =$

$4\dfrac{4}{11} + 1\dfrac{4}{7} =$

$1\dfrac{9}{10} + 4\dfrac{7}{8} =$

$2\dfrac{7}{15} + 5\dfrac{7}{20} =$

$2\dfrac{5}{12} + 1\dfrac{9}{16} =$

$1\dfrac{4}{15} + 4\dfrac{13}{18} =$

$2\dfrac{11}{12} + 1\dfrac{1}{8} =$

대분수끼리의 덧셈 퍼즐

 알맞은 계산 결과를 찾아 선을 이어 보세요.

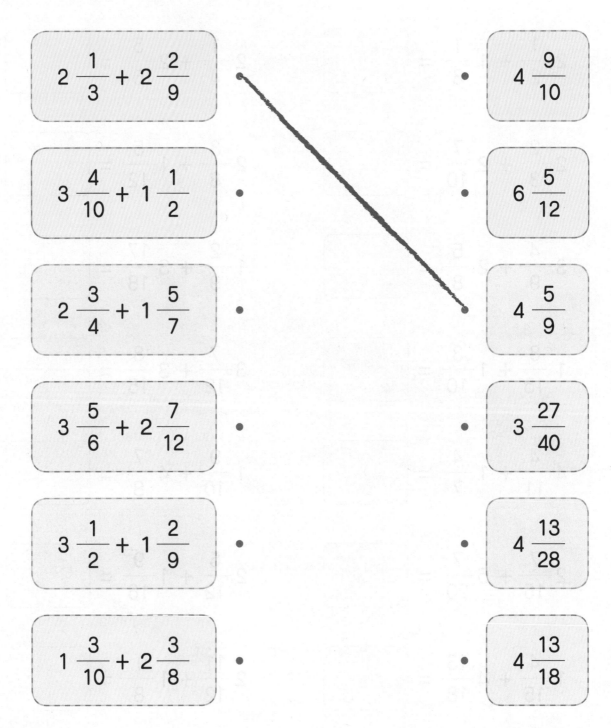

$2\dfrac{1}{3} + 2\dfrac{2}{9}$ ·   · $4\dfrac{9}{10}$

$3\dfrac{4}{10} + 1\dfrac{1}{2}$ ·   · $6\dfrac{5}{12}$

$2\dfrac{3}{4} + 1\dfrac{5}{7}$ ·   · $4\dfrac{5}{9}$

$3\dfrac{5}{6} + 2\dfrac{7}{12}$ ·   · $3\dfrac{27}{40}$

$3\dfrac{1}{2} + 1\dfrac{2}{9}$ ·   · $4\dfrac{13}{28}$

$1\dfrac{3}{10} + 2\dfrac{3}{8}$ ·   · $4\dfrac{13}{18}$

 알맞은 계산 결과를 찾아 선을 이어 보세요.

$1\dfrac{2}{3} + 3\dfrac{8}{9}$ •

$1\dfrac{5}{18} + 2\dfrac{7}{12}$ •

$3\dfrac{9}{11} + 1\dfrac{9}{22}$ •

$1\dfrac{3}{12} + 2\dfrac{2}{15}$ •

$4\dfrac{5}{9} + 2\dfrac{14}{27}$ •

$2\dfrac{8}{15} + 3\dfrac{3}{20}$ •

• $3\dfrac{31}{36}$

• $5\dfrac{5}{9}$

• $5\dfrac{41}{60}$

• $5\dfrac{5}{22}$

• $3\dfrac{23}{60}$

• $7\dfrac{2}{27}$

문장제

 다음을 읽고 알맞은 식을 쓰고, 답을 구하세요. 계산 결과는 기약분수로 나타내고, 가분수이면 대분수로 나타내세요.

성아는 길이가 각각 $\frac{1}{2}$m와 $\frac{3}{14}$m인 색테이프를 가지고 있습니다. 성아가 가진 색테이프의 길이는 모두 몇 m일까요?

식 : $\frac{1}{2} + \frac{3}{14} = \frac{5}{7}$

 m

연우네 텃밭의 $\frac{1}{6}$ 은 당근이 심어져 있고, $\frac{7}{10}$ 은 가지가 심어져 있습니다. 당근과 가지는 전체 텃밭에서 얼마만큼을 차지할까요?

식 :

다음을 읽고 알맞은 식을 쓰고, 답을 구하세요. 계산 결과는 기약분수로 나타내고,
가분수이면 대분수로 나타내세요.

현진이네 집에서 놀이터까지의 거리는 $2\dfrac{3}{4}$ km이고, 놀이터에서 학교까지의 거리는
$1\dfrac{1}{7}$ km입니다. 현진이네 집에서 놀이터를 거쳐 학교까지의 거리는 몇 km일까요?

식 :

Km

과수원에서 어제 사과 $4\dfrac{7}{12}$ kg을 수확했고, 오늘은 어제보다 $1\dfrac{1}{8}$ kg 더 수확했습니
다. 과수원에서 오늘 수확한 사과는 몇 kg일까요?

식 :

kg

 다음을 읽고 알맞은 식을 쓰고, 답을 구하세요. 계산 결과는 기약분수로 나타내고, 가분수이면 대분수로 나타내세요.

식탁에 찬물은 $\dfrac{3}{4}$ L가 있고, 더운물은 $\dfrac{5}{14}$ L가 있습니다. 찬물과 더운물은 모두 몇 L 일까요?

식 :

 L

연주는 동화책을 어제는 $1\dfrac{1}{3}$ 시간, 오늘은 $2\dfrac{2}{7}$ 시간 동안 읽었습니다. 연주가 어제와 오늘 책을 읽은 시간은 모두 몇 시간일까요?

식 :

 시간

선아와 형주는 꽃밭에 물을 주었습니다. 선아는 $2\dfrac{5}{6}$ L만큼, 형주는 $3\dfrac{3}{8}$ L만큼 물을 주었다면 두 사람이 꽃밭에 준 물은 모두 몇 L일까요?

식 :

 L

 다음을 읽고 알맞은 식을 쓰고, 답을 구하세요. 계산 결과는 기약분수로 나타내고, 가분수이면 대분수로 나타내세요.

어떤 수에서 $\frac{7}{9}$을 뺐더니 $\frac{1}{3}$이 되었습니다. 어떤 수는 얼마일까요?

식 : _____

빨간색 페인트 $\frac{7}{12}$L가 들어있는 통에 파란색 페인트 $\frac{4}{21}$L를 넣어 섞었습니다. 페인트의 양은 모두 몇 L일까요?

식 : _____

 L

등산로 입구에서 약수터까지 거리는 $2\frac{4}{5}$ km이고, 약수터에서 절까지의 거리는 $3\frac{7}{20}$ km입니다. 등산로 입구에서 약수터를 거쳐 절까지의 거리는 몇 km일까요?

식 : _____

 km

소마셈 D5 – 3주차
분모가 다른 진분수의 뺄셈

진분수의 뺄셈 (1)

 다음과 같이 두 분모의 곱을 공통분모로 하여 통분한 후 뺄셈을 하세요. 이때 계산 결과는 기약분수로 나타내세요.

분모의 곱을 공통분모로 하여 계산하기

$$\frac{1}{2} - \frac{2}{5} = \frac{5}{10} - \frac{4}{10} = \frac{1}{10}$$

$$\frac{2}{3} - \frac{1}{5} = \frac{2 \times \boxed{5}}{3 \times \boxed{5}} - \frac{1 \times \boxed{3}}{5 \times \boxed{3}} = \boxed{} - \boxed{} = \boxed{}$$

$$\frac{3}{4} - \frac{4}{7} = \frac{3 \times \boxed{}}{4 \times \boxed{}} - \frac{4 \times \boxed{}}{7 \times \boxed{}} = \boxed{} - \boxed{} = \boxed{}$$

$$\frac{3}{4} - \frac{1}{6} = \frac{3 \times \boxed{}}{4 \times \boxed{}} - \frac{1 \times \boxed{}}{6 \times \boxed{}} = \boxed{} - \boxed{} = \boxed{}$$

분모가 다른 진분수끼리 뺄셈은 분모가 다른 진분수끼리 덧셈처럼 두 분수의 분모가 다르기 때문에 통분을 먼저 해야 합니다. 통분을 하는 여러 가지 방법 중 위와 같은 방법은 두 분모의 곱을 공통분모로 하여 통분한 후 통분한 분모는 그대로 두고 분자끼리 빼면 됩니다.

분모의 곱을 공통분모로 하여 통분한 후 **뺄셈**을 하세요. 계산 결과는 기약분수로 나타
내세요.

$$\frac{1}{3} - \frac{1}{4} = \boxed{\frac{1}{12}}$$

$$\frac{1}{2} - \frac{2}{5} = \boxed{}$$

$$\frac{2}{3} - \frac{1}{5} = \boxed{}$$

$$\frac{3}{4} - \frac{2}{5} = \boxed{}$$

$$\frac{3}{4} - \frac{1}{3} = \boxed{}$$

$$\frac{3}{4} - \frac{4}{7} = \boxed{}$$

$$\frac{3}{5} - \frac{1}{2} = \boxed{}$$

$$\frac{4}{5} - \frac{2}{3} = \boxed{}$$

$$\frac{3}{5} - \frac{1}{3} = \boxed{}$$

$$\frac{3}{4} - \frac{1}{2} = \boxed{}$$

$$\frac{1}{2} - \frac{1}{6} = \boxed{}$$

$$\frac{1}{6} - \frac{1}{9} = \boxed{}$$

$$\frac{7}{10} - \frac{1}{2} = \boxed{}$$

$$\frac{1}{4} - \frac{1}{10} = \boxed{}$$

분모의 곱을 공통분모로 하여 통분한 후 뺄셈을 하세요. 계산 결과는 기약분수로 나타내세요.

$\dfrac{2}{3} - \dfrac{1}{4} = \boxed{\dfrac{5}{12}}$

$\dfrac{1}{4} - \dfrac{1}{6} =$

$\dfrac{3}{4} - \dfrac{1}{6} =$

$\dfrac{5}{6} - \dfrac{1}{9} =$

$\dfrac{5}{6} - \dfrac{1}{10} =$

$\dfrac{3}{8} - \dfrac{1}{6} =$

$\dfrac{5}{6} - \dfrac{3}{8} =$

$\dfrac{5}{6} - \dfrac{1}{4} =$

$\dfrac{5}{6} - \dfrac{2}{3} =$

$\dfrac{1}{6} - \dfrac{1}{7} =$

$\dfrac{3}{4} - \dfrac{1}{5} =$

$\dfrac{5}{8} - \dfrac{1}{2} =$

$\dfrac{9}{10} - \dfrac{8}{9} =$

$\dfrac{3}{4} - \dfrac{2}{11} =$

진분수의 뺄셈 (2)

 다음과 같이 두 분모의 최소공배수를 공통분모로 하여 통분한 후 뺄셈을 하세요. 이때 계산 결과는 기약분수로 나타내세요.

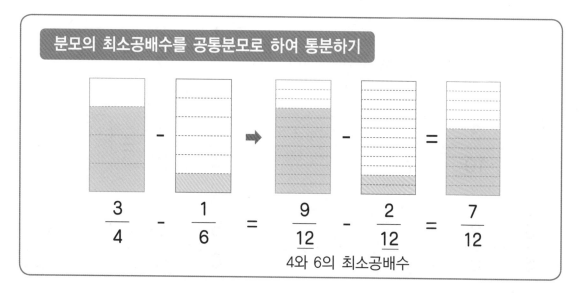

분모의 최소공배수를 공통분모로 하여 통분하기

$$\frac{3}{4} - \frac{1}{6} = \frac{9}{12} - \frac{2}{12} = \frac{7}{12}$$

4와 6의 최소공배수

$$\frac{1}{6} - \frac{1}{9} = \frac{1 \times \boxed{3}}{6 \times \boxed{3}} - \frac{1 \times \boxed{2}}{9 \times \boxed{2}} = \frac{\boxed{}}{\boxed{}} - \frac{\boxed{}}{\boxed{}} = \frac{\boxed{}}{\boxed{}}$$

6과 9의 최소공배수 :

$$) \overline{ 6 \quad 9 }$$

$$\frac{3}{4} - \frac{1}{10} = \frac{3 \times \boxed{}}{4 \times \boxed{}} - \frac{1 \times \boxed{}}{10 \times \boxed{}} = \frac{\boxed{}}{\boxed{}} - \frac{\boxed{}}{\boxed{}} = \frac{\boxed{}}{\boxed{}}$$

TIP

두 분모의 최소공배수를 공통분모로 하여 통분한 후 통분한 분모는 그대로 두고 분자끼리 빼면 됩니다.

 분모의 최소공배수를 공통분모로 하여 통분한 후 뺄셈을 하세요. 계산 결과는 기약분수
로 나타내세요.

$$\frac{5}{6} - \frac{2}{3} = \boxed{\frac{1}{6}}$$

$$\frac{1}{2} - \frac{2}{7} = \boxed{}$$

$$\frac{2}{3} - \frac{3}{10} = \boxed{}$$

$$\frac{1}{4} - \frac{1}{10} = \boxed{}$$

$$\frac{5}{6} - \frac{2}{9} = \boxed{}$$

$$\frac{5}{6} - \frac{5}{12} = \boxed{}$$

$$\frac{2}{9} - \frac{1}{12} = \boxed{}$$

$$\frac{3}{4} - \frac{3}{10} = \boxed{}$$

$$\frac{9}{10} - \frac{5}{6} = \boxed{}$$

$$\frac{5}{9} - \frac{1}{15} = \boxed{}$$

$$\frac{5}{6} - \frac{3}{10} = \boxed{}$$

$$\frac{5}{12} - \frac{4}{36} = \boxed{}$$

$$\frac{5}{12} - \frac{3}{10} = \boxed{}$$

$$\frac{5}{16} - \frac{3}{20} = \boxed{}$$

분모의 최소공배수를 공통분모로 하여 통분한 후 뺄셈을 하세요. 계산 결과는 기약분수로 나타내세요.

$\dfrac{4}{5} - \dfrac{3}{8} =$

$\dfrac{2}{3} - \dfrac{2}{9} =$

$\dfrac{2}{5} - \dfrac{4}{15} =$

$\dfrac{7}{8} - \dfrac{13}{16} =$

$\dfrac{7}{12} - \dfrac{4}{9} =$

$\dfrac{4}{15} - \dfrac{1}{6} =$

$\dfrac{3}{10} - \dfrac{3}{20} =$

$\dfrac{7}{12} - \dfrac{4}{15} =$

$\dfrac{7}{8} - \dfrac{5}{12} =$

$\dfrac{8}{9} - \dfrac{11}{18} =$

$\dfrac{17}{18} - \dfrac{5}{9} =$

$\dfrac{5}{14} - \dfrac{1}{4} =$

$\dfrac{5}{6} - \dfrac{7}{12} =$

$\dfrac{3}{10} - \dfrac{1}{12} =$

진분수의 뺄셈 (3)

 분수를 통분하여 뺄셈을 하고 기약분수로 나타내세요.

$\dfrac{3}{8} - \dfrac{1}{4} = \boxed{\dfrac{1}{8}}$

$\dfrac{2}{3} - \dfrac{1}{4} = \boxed{}$

$\dfrac{5}{6} - \dfrac{3}{4} = \boxed{}$

$\dfrac{3}{8} - \dfrac{3}{10} = \boxed{}$

$\dfrac{9}{10} - \dfrac{5}{6} = \boxed{}$

$\dfrac{1}{9} - \dfrac{1}{12} = \boxed{}$

$\dfrac{1}{4} - \dfrac{3}{14} = \boxed{}$

$\dfrac{5}{9} - \dfrac{2}{5} = \boxed{}$

$\dfrac{1}{2} - \dfrac{3}{11} = \boxed{}$

$\dfrac{7}{12} - \dfrac{1}{2} = \boxed{}$

TIP

1일차의 두 분모의 곱으로 통분을 하는 방법은 공통분모를 구하기 편하지만 계산 결과의 분모와 분자가 커지는 단점이 있습니다.

또한 2일차의 두 분모의 최소공배수로 통분을 하는 방법은 분자끼리의 뺄셈이 간단한 반면, 최소공배수를 구하는 과정이 필요하다는 단점이 있습니다. 그러므로 상황에 따라 더 적합한 통분 방법을 선택하여 계산하도록 해야 합니다.

분수를 통분하여 **뺄셈**을 하고 기약분수로 나타내세요.

$\dfrac{5}{6} - \dfrac{2}{9} =$ ☐

$\dfrac{7}{8} - \dfrac{1}{2} =$ ☐

$\dfrac{5}{9} - \dfrac{2}{10} =$ ☐

$\dfrac{6}{7} - \dfrac{16}{21} =$ ☐

$\dfrac{7}{12} - \dfrac{8}{15} =$ ☐

$\dfrac{7}{12} - \dfrac{1}{8} =$ ☐

$\dfrac{8}{13} - \dfrac{1}{3} =$ ☐

$\dfrac{13}{15} - \dfrac{3}{4} =$ ☐

$\dfrac{9}{16} - \dfrac{1}{8} =$ ☐

$\dfrac{10}{11} - \dfrac{7}{8} =$ ☐

$\dfrac{9}{14} - \dfrac{7}{12} =$ ☐

$\dfrac{11}{12} - \dfrac{9}{16} =$ ☐

$\dfrac{13}{20} - \dfrac{8}{15} =$ ☐

$\dfrac{7}{8} - \dfrac{13}{18} =$ ☐

진분수끼리의 뺄셈 퍼즐 (1)

🌱 빈 곳에 알맞은 수를 써넣으세요. 계산 결과는 기약분수로 나타내세요.

$$\frac{5}{6}$$
$$-\frac{1}{9}$$
$$\frac{13}{18}$$

$$\frac{7}{8}$$
$$-\frac{1}{12}$$

$$\frac{8}{9}$$
$$-\frac{7}{18}$$

$$\frac{9}{13}$$
$$-\frac{1}{3}$$

$$\frac{5}{12}$$
$$-\frac{1}{14}$$

$$\frac{7}{8}$$
$$-\frac{11}{18}$$

$$\frac{4}{5}$$
$$-\frac{5}{8}$$

$$\frac{7}{12}$$
$$-\frac{2}{9}$$

$$\frac{6}{7}$$
$$-\frac{15}{21}$$

🌱 빈 곳에 알맞은 수를 써넣으세요. 계산 결과는 기약분수로 나타내세요.

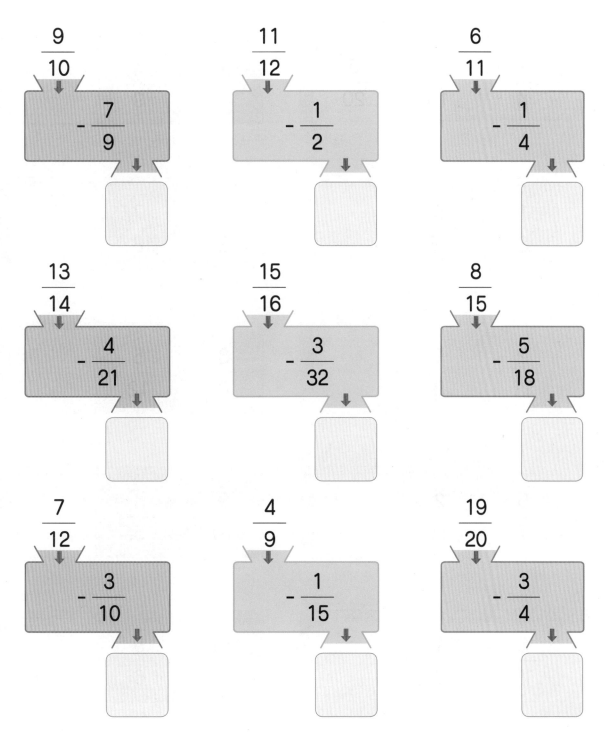

$\dfrac{9}{10}$ $-\dfrac{7}{9}$

$\dfrac{11}{12}$ $-\dfrac{1}{2}$

$\dfrac{6}{11}$ $-\dfrac{1}{4}$

$\dfrac{13}{14}$ $-\dfrac{4}{21}$

$\dfrac{15}{16}$ $-\dfrac{3}{32}$

$\dfrac{8}{15}$ $-\dfrac{5}{18}$

$\dfrac{7}{12}$ $-\dfrac{3}{10}$

$\dfrac{4}{9}$ $-\dfrac{1}{15}$

$\dfrac{19}{20}$ $-\dfrac{3}{4}$

진분수끼리의 뺄셈 퍼즐 (2)

 빈 곳에 두 분수의 차를 써넣으세요. 계산 결과는 기약분수로 나타내세요.

| $\dfrac{1}{4}$ | $\dfrac{1}{10}$ | $\dfrac{3}{20}$ |

| $\dfrac{1}{6}$ | $\dfrac{4}{9}$ | |

| $\dfrac{1}{8}$ | $\dfrac{9}{16}$ | |

| $\dfrac{1}{2}$ | $\dfrac{7}{8}$ | |

| $\dfrac{2}{11}$ | $\dfrac{1}{9}$ | |

| $\dfrac{3}{8}$ | $\dfrac{5}{12}$ | |

| $\dfrac{5}{7}$ | $\dfrac{2}{11}$ | |

| $\dfrac{9}{10}$ | $\dfrac{4}{5}$ | |

| $\dfrac{8}{17}$ | $\dfrac{1}{2}$ | |

| $\dfrac{14}{15}$ | $\dfrac{5}{6}$ | |

빈 곳에 두 분수의 차를 써넣으세요. 계산 결과는 기약분수로 나타내세요.

| $\dfrac{3}{5}$ | $\dfrac{5}{12}$ | | $\dfrac{5}{6}$ | $\dfrac{9}{14}$ | |

| $\dfrac{2}{3}$ | $\dfrac{4}{5}$ | | $\dfrac{2}{15}$ | $\dfrac{1}{9}$ | |

| $\dfrac{1}{7}$ | $\dfrac{3}{5}$ | | $\dfrac{4}{5}$ | $\dfrac{11}{16}$ | |

| $\dfrac{2}{9}$ | $\dfrac{17}{18}$ | | $\dfrac{9}{14}$ | $\dfrac{3}{28}$ | |

| $\dfrac{8}{15}$ | $\dfrac{3}{10}$ | | $\dfrac{14}{15}$ | $\dfrac{5}{12}$ | |

소마셈 D5 - 4주차

분모가 다른 대분수의 뺄셈

대분수의 뺄셈 (1)

 다음과 같이 두 분모의 최소공배수를 공통분모로 하여 통분한 후 뺄셈을 하세요. 이때 계산 결과는 기약분수로 나타내세요.

$$1\frac{1}{2} - 1\frac{1}{6} = 1\frac{3}{6} - 1\frac{1}{6} = \frac{2}{6} = \frac{1}{3}$$

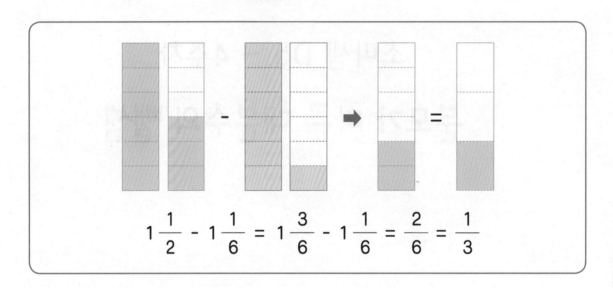

$$3\frac{2}{3} - 1\frac{1}{2} = \boxed{}\frac{\boxed{}}{\boxed{}} - \boxed{}\frac{\boxed{}}{\boxed{}} = \boxed{}\frac{\boxed{}}{\boxed{}}$$

4-3=1

3-1=2

$$2\frac{1}{4} - 1\frac{1}{12} = \boxed{}\frac{\boxed{}}{\boxed{}} - \boxed{}\frac{\boxed{}}{\boxed{}} = \boxed{}\frac{\boxed{}}{\boxed{}}$$

TIP

두 분모의 최소공배수를 공통분모로 하여 두 분수의 분모를 먼저 통분합니다. 그리고 자연수는 자연수끼리, 분수는 분수끼리 뺍니다.

분수를 통분하여 뺄셈을 하고 기약분수로 나타내세요.

$4\dfrac{2}{3} - 1\dfrac{1}{2} = \boxed{3\dfrac{1}{6}}$ $2\dfrac{2}{3} - 1\dfrac{1}{4} = \boxed{}$

$3\dfrac{2}{3} - 1\dfrac{1}{7} = \boxed{}$ $1\dfrac{1}{3} - 1\dfrac{1}{5} = \boxed{}$

$2\dfrac{3}{4} - 1\dfrac{1}{5} = \boxed{}$ $5\dfrac{6}{7} - 3\dfrac{1}{2} = \boxed{}$

$4\dfrac{3}{4} - 2\dfrac{1}{2} = \boxed{}$ $3\dfrac{1}{3} - 2\dfrac{1}{9} = \boxed{}$

$3\dfrac{7}{8} - 2\dfrac{1}{2} = \boxed{}$ $3\dfrac{5}{6} - 3\dfrac{2}{3} = \boxed{}$

$2\dfrac{2}{5} - 1\dfrac{1}{15} = \boxed{}$ $5\dfrac{3}{10} - 3\dfrac{3}{20} = \boxed{}$

$3\dfrac{11}{15} - 1\dfrac{3}{5} = \boxed{}$ $5\dfrac{3}{4} - 1\dfrac{1}{12} = \boxed{}$

 분수를 통분하여 뺄셈을 하고 기약분수로 나타내세요.

$3\dfrac{3}{4} - 1\dfrac{1}{6} =$ $2\dfrac{7}{12}$

$2\dfrac{5}{6} - 2\dfrac{1}{4} =$

$3\dfrac{3}{10} - 1\dfrac{1}{4} =$

$5\dfrac{7}{8} - 2\dfrac{5}{6} =$

$4\dfrac{3}{10} - 1\dfrac{1}{8} =$

$2\dfrac{9}{10} - 2\dfrac{9}{30} =$

$4\dfrac{1}{6} - 4\dfrac{1}{14} =$

$4\dfrac{5}{6} - 1\dfrac{1}{3} =$

$3\dfrac{5}{6} - 1\dfrac{3}{9} =$

$4\dfrac{5}{12} - 1\dfrac{3}{8} =$

$3\dfrac{3}{10} - 3\dfrac{1}{6} =$

$2\dfrac{5}{12} - 1\dfrac{1}{4} =$

$5\dfrac{2}{3} - 1\dfrac{3}{10} =$

$3\dfrac{9}{20} - 2\dfrac{4}{15} =$

대분수의 뺄셈 (2)

 다음과 같이 두 분모의 최소공배수를 공통분모로 하여 통분한 후 뺄셈을 하세요. 이때 계산 결과는 기약분수로 나타내세요.

$$3\frac{1}{4} - 1\frac{2}{3} = 3\frac{3}{12} - 1\frac{8}{12} = 2\frac{15}{12} - 1\frac{8}{12} = 1\frac{7}{12}$$

$$4\frac{1}{3} - 2\frac{3}{4} = 4\frac{4}{12} - 2\frac{9}{12}$$

$$= \boxed{}\frac{}{} - \boxed{}\frac{}{} = \boxed{}\frac{}{}$$

$$3\frac{1}{6} - 2\frac{2}{3} = \boxed{}\frac{}{} - \boxed{}\frac{}{}$$

$$= \boxed{}\frac{}{} - \boxed{}\frac{}{} = \frac{}{} = \frac{}{}$$

TIP

위와 같이 대분수의 뺄셈에서는 분수끼리 뺄 수 없는 경우가 있습니다. 이때는 분수의 자연수 부분에서 1을 받아내림하여 가분수로 바꾼 후에 빼야 합니다.

 분수를 통분하여 뺄셈을 하고 기약분수로 나타내세요.

$3\dfrac{2}{3} - 1\dfrac{3}{4} = \boxed{1\dfrac{11}{12}}$

$2\dfrac{2}{7} - 1\dfrac{2}{3} = \boxed{}$

$4\dfrac{1}{2} - 2\dfrac{3}{4} = \boxed{}$

$3\dfrac{3}{8} - 2\dfrac{2}{5} = \boxed{}$

$4\dfrac{2}{3} - 1\dfrac{5}{6} = \boxed{}$

$5\dfrac{5}{8} - 2\dfrac{5}{6} = \boxed{}$

$2\dfrac{1}{4} - 1\dfrac{5}{6} = \boxed{}$

$5\dfrac{1}{4} - 1\dfrac{3}{5} = \boxed{}$

$5\dfrac{1}{3} - 1\dfrac{4}{5} = \boxed{}$

$4\dfrac{1}{3} - 2\dfrac{5}{7} = \boxed{}$

$2\dfrac{5}{8} - 1\dfrac{4}{5} = \boxed{}$

$5\dfrac{5}{6} - 2\dfrac{7}{8} = \boxed{}$

$3\dfrac{2}{9} - 2\dfrac{7}{15} = \boxed{}$

$3\dfrac{3}{8} - 1\dfrac{7}{18} = \boxed{}$

분수를 통분하여 뺄셈을 하고 기약분수로 나타내세요.

$2\dfrac{1}{5} - 1\dfrac{2}{3} =$

$4\dfrac{2}{9} - 2\dfrac{3}{4} =$

$3\dfrac{1}{6} - 2\dfrac{7}{8} =$

$3\dfrac{3}{8} - 1\dfrac{9}{16} =$

$3\dfrac{1}{6} - 2\dfrac{8}{21} =$

$3\dfrac{4}{9} - 1\dfrac{11}{12} =$

$2\dfrac{5}{14} - 1\dfrac{5}{6} =$

$3\dfrac{3}{8} - 1\dfrac{1}{2} =$

$3\dfrac{1}{4} - 1\dfrac{4}{7} =$

$4\dfrac{1}{4} - 2\dfrac{4}{5} =$

$4\dfrac{1}{2} - 2\dfrac{7}{11} =$

$5\dfrac{1}{6} - 3\dfrac{5}{12} =$

$5\dfrac{3}{8} - 2\dfrac{9}{10} =$

$3\dfrac{2}{15} - 1\dfrac{3}{5} =$

대분수의 뺄셈 (3)

 분수를 통분하여 뺄셈을 하고 기약분수로 나타내세요.

$3\dfrac{2}{3} - 1\dfrac{1}{2} = \boxed{2\dfrac{1}{6}}$

$2\dfrac{1}{6} - 1\dfrac{2}{9} = \boxed{}$

$4\dfrac{1}{2} - 1\dfrac{3}{4} = \boxed{}$

$3\dfrac{4}{5} - 1\dfrac{1}{6} = \boxed{}$

$5\dfrac{1}{3} - 2\dfrac{4}{5} = \boxed{}$

$5\dfrac{1}{4} - 1\dfrac{2}{7} = \boxed{}$

$4\dfrac{1}{4} - 3\dfrac{2}{3} = \boxed{}$

$3\dfrac{7}{8} - 2\dfrac{3}{5} = \boxed{}$

$6\dfrac{2}{5} - 2\dfrac{2}{3} = \boxed{}$

$4\dfrac{1}{6} - 1\dfrac{7}{9} = \boxed{}$

$6\dfrac{8}{9} - 1\dfrac{7}{15} = \boxed{}$

$5\dfrac{3}{4} - 3\dfrac{3}{20} = \boxed{}$

$4\dfrac{6}{11} - 2\dfrac{3}{7} = \boxed{}$

$2\dfrac{8}{21} - 1\dfrac{5}{9} = \boxed{}$

분수를 통분하여 뺄셈을 하고 기약분수로 나타내세요.

$3\dfrac{5}{8} - 1\dfrac{1}{2} =$

$6\dfrac{1}{4} - 1\dfrac{5}{6} =$

$3\dfrac{5}{7} - 2\dfrac{2}{5} =$

$2\dfrac{5}{6} - 1\dfrac{9}{14} =$

$2\dfrac{2}{5} - 1\dfrac{7}{15} =$

$6\dfrac{1}{3} - 1\dfrac{5}{12} =$

$4\dfrac{1}{10} - 2\dfrac{3}{4} =$

$6\dfrac{3}{14} - 5\dfrac{6}{7} =$

$4\dfrac{7}{24} - 3\dfrac{1}{8} =$

$4\dfrac{5}{12} - 1\dfrac{2}{9} =$

$6\dfrac{2}{9} - 1\dfrac{5}{18} =$

$5\dfrac{7}{8} - 3\dfrac{13}{16} =$

$4\dfrac{3}{20} - 2\dfrac{5}{12} =$

$3\dfrac{5}{12} - 1\dfrac{5}{16} =$

대분수끼리의 뺄셈 퍼즐

 알맞은 계산 결과를 찾아 선을 이어 보세요.

$$3\frac{2}{3} - 1\frac{1}{4}$$

$$5\frac{5}{9} - 1\frac{5}{6}$$

$$6\frac{2}{3} - 3\frac{5}{12}$$

$$7\frac{1}{10} - 3\frac{1}{12}$$

$$4\frac{1}{13} - 1\frac{5}{26}$$

$$3\frac{13}{18}$$

$$2\frac{5}{12}$$

$$2\frac{23}{26}$$

$$3\frac{1}{4}$$

$$4\frac{1}{60}$$

 알맞은 계산 결과를 찾아 선을 이어 보세요.

$5\dfrac{4}{9} - 1\dfrac{1}{4}$

$7\dfrac{7}{8} - 3\dfrac{5}{12}$

$8\dfrac{3}{8} - 7\dfrac{5}{6}$

$4\dfrac{7}{20} - 1\dfrac{7}{8}$

$4\dfrac{1}{15} - 3\dfrac{9}{10}$

$4\dfrac{7}{36}$

$4\dfrac{11}{24}$

$2\dfrac{19}{40}$

$\dfrac{1}{6}$

$\dfrac{13}{24}$

문장제

 다음을 읽고 알맞은 식을 쓰고, 답을 구하세요. 계산 결과는 기약분수로 나타내세요.

노란색 테이프의 길이는 $\dfrac{3}{14}$ m 이고, 초록색 테이프의 길이는 $\dfrac{5}{6}$ m 입니다. 초록색 테이프는 노란색 테이프보다 얼마만큼 더 길까요?

식 : $\dfrac{5}{6} - \dfrac{3}{14} = \dfrac{13}{21}$

 m

광수는 $\dfrac{7}{8}$ L가 들어 있는 우유 중에서 $\dfrac{2}{3}$ L 만큼을 마셨습니다. 남은 우유는 몇 L일까요?

식 :

 L

다음을 읽고 알맞은 식을 쓰고, 답을 구하세요. 계산 결과는 기약분수로 나타내세요.

곰 인형의 무게는 $5\frac{7}{9}$ kg 이고, 장난감 자동차의 무게는 곰 인형보다 $1\frac{5}{12}$ kg 적습니다. 장난감 자동차의 무게는 몇 kg일까요?

식 :

 kg

_____

어떤 통에 $4\frac{2}{7}$ L의 석유가 들어 있습니다. 이 중에서 $1\frac{3}{8}$ L의 석유를 사용했다면 통에 남은 석유의 양은 몇 L일까요?

식 :

 L

_____

 다음을 읽고 알맞은 식을 쓰고, 답을 구하세요. 계산 결과는 기약분수로 나타내세요.

현아의 가방 무게는 $4\frac{2}{3}$ kg이고, 은서의 가방 무게는 $2\frac{7}{9}$ kg입니다. 현아의 가방은 은서의 가방보다 얼마나 더 무거울까요?

식 :

 kg

길이가 $6\frac{2}{3}$ m인 끈이 있습니다. 이 중 $4\frac{1}{5}$ m를 사용하였다면, 남아 있는 끈의 길이는 몇 m일까요?

식 :

 m

엄마가 형과 동생에게 각자 피자 한 판씩을 주었습니다. 형은 피자 한 판의 $\frac{3}{8}$ 을 먹고, 동생은 $\frac{1}{4}$ 을 먹었다면, 형은 동생보다 얼마만큼 더 먹었을까요?

식 :

다음을 읽고 알맞은 식을 쓰고, 답을 구하세요. 계산 결과는 기약분수로 나타내세요.

어떤 수에서 $\frac{3}{8}$을 더했더니 $\frac{19}{28}$가 되었습니다. 어떤 수는 무엇일까요?

식 :

_____

동우는 오늘 $\frac{4}{9}$L의 주스를 마셨습니다. 오늘 마신 양이 어제 마신 양보다 $\frac{1}{15}$L 더 많다면 동우가 어제 마신 우유는 몇 L일까요?

식 :  L

_____

수조에 $6\frac{5}{6}$L의 물이 있습니다. 여기에 얼마만큼의 물을 더 넣었더니 수조 안의 물이 $8\frac{3}{8}$L가 되었습니다. 물을 얼마만큼 더 넣은 것일까요?

식 :  L

_____

Drill

분모가 다른 진분수의 덧셈

분수를 통분하여 덧셈을 하고 기약분수로 나타내세요.

$\dfrac{1}{2} + \dfrac{5}{6} = $ ⬜

$\dfrac{1}{2} + \dfrac{5}{8} = $ ⬜

$\dfrac{1}{3} + \dfrac{5}{6} = $ ⬜

$\dfrac{2}{9} + \dfrac{1}{6} = $ ⬜

$\dfrac{1}{2} + \dfrac{3}{8} = $ ⬜

$\dfrac{5}{6} + \dfrac{7}{9} = $ ⬜

$\dfrac{1}{3} + \dfrac{2}{9} = $ ⬜

$\dfrac{1}{4} + \dfrac{7}{10} = $ ⬜

$\dfrac{3}{10} + \dfrac{3}{14} = $ ⬜

$\dfrac{7}{8} + \dfrac{5}{12} = $ ⬜

$\dfrac{7}{10} + \dfrac{1}{6} = $ ⬜

$\dfrac{3}{10} + \dfrac{7}{15} = $ ⬜

$\dfrac{5}{8} + \dfrac{1}{12} = $ ⬜

$\dfrac{2}{9} + \dfrac{5}{12} = $ ⬜

분수를 통분하여 덧셈을 하고 기약분수로 나타내세요.

$\dfrac{1}{4} + \dfrac{2}{5} =$ ☐

$\dfrac{1}{5} + \dfrac{1}{2} =$ ☐

$\dfrac{1}{12} + \dfrac{1}{10} =$ ☐

$\dfrac{3}{4} + \dfrac{1}{14} =$ ☐

$\dfrac{3}{5} + \dfrac{3}{10} =$ ☐

$\dfrac{5}{12} + \dfrac{5}{18} =$ ☐

$\dfrac{7}{8} + \dfrac{5}{12} =$ ☐

$\dfrac{5}{7} + \dfrac{2}{21} =$ ☐

$\dfrac{4}{7} + \dfrac{3}{14} =$ ☐

$\dfrac{1}{2} + \dfrac{11}{12} =$ ☐

$\dfrac{3}{13} + \dfrac{5}{26} =$ ☐

$\dfrac{1}{12} + \dfrac{7}{15} =$ ☐

$\dfrac{9}{20} + \dfrac{7}{30} =$ ☐

$\dfrac{5}{24} + \dfrac{1}{30} =$ ☐

분수를 통분하여 덧셈을 하고 기약분수로 나타내세요.

$\dfrac{5}{6} + \dfrac{5}{11} =$ ☐

$\dfrac{5}{9} + \dfrac{4}{15} =$ ☐

$\dfrac{3}{4} + \dfrac{5}{18} =$ ☐

$\dfrac{1}{10} + \dfrac{2}{15} =$ ☐

$\dfrac{3}{10} + \dfrac{7}{8} =$ ☐

$\dfrac{5}{12} + \dfrac{17}{30} =$ ☐

$\dfrac{5}{12} + \dfrac{9}{16} =$ ☐

$\dfrac{3}{10} + \dfrac{3}{25} =$ ☐

$\dfrac{9}{10} + \dfrac{3}{14} =$ ☐

$\dfrac{1}{12} + \dfrac{4}{15} =$ ☐

$\dfrac{9}{14} + \dfrac{3}{7} =$ ☐

$\dfrac{3}{5} + \dfrac{7}{11} =$ ☐

$\dfrac{7}{12} + \dfrac{11}{28} =$ ☐

$\dfrac{1}{24} + \dfrac{5}{18} =$ ☐

분수를 통분하여 덧셈을 하고 기약분수로 나타내세요.

$\dfrac{3}{8} + \dfrac{1}{6} =$ 　　　　　

$\dfrac{5}{14} + \dfrac{6}{7} =$ 　　　　　

$\dfrac{1}{2} + \dfrac{5}{14} =$ 　　　　　

$\dfrac{5}{6} + \dfrac{3}{16} =$ 　　　　　

$\dfrac{4}{9} + \dfrac{7}{15} =$ 　　　　　

$\dfrac{4}{5} + \dfrac{4}{15} =$ 　　　　　

$\dfrac{3}{10} + \dfrac{5}{18} =$ 　　　　　

$\dfrac{2}{3} + \dfrac{4}{11} =$ 　　　　　

$\dfrac{3}{8} + \dfrac{11}{20} =$ 　　　　　

$\dfrac{8}{9} + \dfrac{4}{15} =$ 　　　　　

$\dfrac{5}{12} + \dfrac{15}{16} =$ 　　　　　

$\dfrac{2}{15} + \dfrac{14}{45} =$ 　　　　　

$\dfrac{8}{13} + \dfrac{11}{26} =$ 　　　　　

$\dfrac{9}{20} + \dfrac{6}{25} =$

분모가 다른 대분수의 덧셈

분수를 통분하여 덧셈을 하고 기약분수로 나타내세요.

$1\dfrac{1}{2} + 2\dfrac{1}{5} =$ ☐

$2\dfrac{1}{4} + 2\dfrac{5}{6} =$ ☐

$3\dfrac{3}{4} + 1\dfrac{1}{12} =$ ☐

$4\dfrac{1}{2} + 3\dfrac{1}{4} =$ ☐

$5\dfrac{1}{4} + 1\dfrac{3}{7} =$ ☐

$2\dfrac{5}{6} + 2\dfrac{8}{15} =$ ☐

$3\dfrac{2}{3} + 4\dfrac{5}{12} =$ ☐

$3\dfrac{1}{8} + 1\dfrac{7}{24} =$ ☐

$2\dfrac{5}{12} + 2\dfrac{1}{24} =$ ☐

$4\dfrac{4}{9} + 2\dfrac{2}{15} =$ ☐

$1\dfrac{7}{18} + 1\dfrac{8}{9} =$ ☐

$3\dfrac{3}{8} + 3\dfrac{11}{12} =$ ☐

$4\dfrac{4}{15} + 2\dfrac{7}{20} =$ ☐

$5\dfrac{9}{10} + 1\dfrac{3}{11} =$ ☐

분수를 통분하여 덧셈을 하고 기약분수로 나타내세요.

$2\dfrac{1}{3} + 2\dfrac{1}{11} =$

$3\dfrac{2}{9} + 1\dfrac{2}{27} =$

$4\dfrac{1}{5} + 1\dfrac{5}{12} =$

$1\dfrac{3}{8} + 1\dfrac{11}{20} =$

$2\dfrac{1}{5} + 2\dfrac{3}{25} =$

$2\dfrac{3}{8} + 3\dfrac{7}{20} =$

$1\dfrac{5}{13} + 1\dfrac{5}{26} =$

$5\dfrac{7}{36} + 2\dfrac{5}{12} =$

$2\dfrac{3}{14} + 4\dfrac{7}{28} =$

$3\dfrac{2}{11} + 2\dfrac{13}{22} =$

$2\dfrac{1}{32} + 1\dfrac{1}{16} =$

$3\dfrac{3}{20} + 3\dfrac{5}{24} =$

$4\dfrac{7}{12} + 5\dfrac{13}{18} =$

$2\dfrac{1}{12} + 3\dfrac{15}{28} =$

분수를 통분하여 덧셈을 하고 기약분수로 나타내세요.

$3\dfrac{1}{6} + 3\dfrac{8}{9} =$ ☐

$2\dfrac{5}{6} + 5\dfrac{6}{7} =$ ☐

$2\dfrac{2}{3} + 4\dfrac{1}{8} =$ ☐

$4\dfrac{1}{4} + 1\dfrac{3}{16} =$ ☐

$4\dfrac{1}{6} + 2\dfrac{7}{10} =$ ☐

$1\dfrac{5}{6} + 6\dfrac{5}{14} =$ ☐

$1\dfrac{1}{8} + 5\dfrac{3}{16} =$ ☐

$3\dfrac{2}{9} + 3\dfrac{11}{12} =$ ☐

$2\dfrac{3}{4} + 2\dfrac{6}{11} =$ ☐

$2\dfrac{5}{25} + 2\dfrac{3}{50} =$ ☐

$2\dfrac{9}{14} + 4\dfrac{12}{35} =$ ☐

$5\dfrac{7}{12} + 1\dfrac{2}{15} =$ ☐

$3\dfrac{3}{10} + 4\dfrac{18}{25} =$ ☐

$4\dfrac{11}{18} + 3\dfrac{7}{24} =$ ☐

분수를 통분하여 덧셈을 하고 기약분수로 나타내세요.

$1\dfrac{4}{7} + 2\dfrac{1}{4} =$ ☐

$3\dfrac{1}{8} + 4\dfrac{5}{6} =$ ☐

$5\dfrac{3}{10} + 1\dfrac{5}{8} =$ ☐

$2\dfrac{1}{2} + 1\dfrac{8}{15} =$ ☐

$3\dfrac{5}{6} + 3\dfrac{10}{21} =$ ☐

$1\dfrac{3}{4} + 6\dfrac{9}{14} =$ ☐

$2\dfrac{3}{7} + 2\dfrac{13}{28} =$ ☐

$3\dfrac{1}{15} + 3\dfrac{1}{30} =$ ☐

$1\dfrac{6}{13} + 2\dfrac{7}{26} =$ ☐

$1\dfrac{3}{14} + 2\dfrac{1}{42} =$ ☐

$1\dfrac{4}{15} + 1\dfrac{7}{18} =$ ☐

$2\dfrac{7}{18} + 1\dfrac{13}{30} =$ ☐

$3\dfrac{5}{14} + 2\dfrac{23}{42} =$ ☐

$2\dfrac{9}{28} + 2\dfrac{5}{36} =$ ☐

분모가 다른 진분수의 뺄셈

분수를 통분하여 뺄셈을 하고 기약분수로 나타내세요.

$\dfrac{1}{4} - \dfrac{1}{5} =$

$\dfrac{3}{4} - \dfrac{5}{9} =$

$\dfrac{2}{3} - \dfrac{3}{7} =$

$\dfrac{4}{5} - \dfrac{3}{4} =$

$\dfrac{4}{5} - \dfrac{3}{8} =$

$\dfrac{3}{4} - \dfrac{7}{10} =$

$\dfrac{2}{3} - \dfrac{3}{8} =$

$\dfrac{3}{4} - \dfrac{5}{16} =$

$\dfrac{5}{8} - \dfrac{5}{24} =$

$\dfrac{1}{12} - \dfrac{1}{21} =$

$\dfrac{3}{14} - \dfrac{1}{12} =$

$\dfrac{5}{13} - \dfrac{1}{26} =$

$\dfrac{5}{16} - \dfrac{5}{18} =$

$\dfrac{2}{14} - \dfrac{1}{42} =$

분수를 통분하여 뺄셈을 하고 기약분수로 나타내세요.

$$\frac{2}{5} - \frac{1}{7} = \boxed{}$$

$$\frac{1}{3} - \frac{1}{8} = \boxed{}$$

$$\frac{5}{6} - \frac{3}{8} = \boxed{}$$

$$\frac{1}{4} - \frac{1}{12} = \boxed{}$$

$$\frac{5}{14} - \frac{1}{12} = \boxed{}$$

$$\frac{5}{12} - \frac{1}{14} = \boxed{}$$

$$\frac{7}{20} - \frac{5}{16} = \boxed{}$$

$$\frac{3}{34} - \frac{1}{17} = \boxed{}$$

$$\frac{7}{18} - \frac{5}{14} = \boxed{}$$

$$\frac{12}{13} - \frac{1}{3} = \boxed{}$$

$$\frac{5}{12} - \frac{3}{14} = \boxed{}$$

$$\frac{13}{15} - \frac{17}{20} = \boxed{}$$

$$\frac{9}{22} - \frac{1}{10} = \boxed{}$$

$$\frac{7}{21} - \frac{2}{35} = \boxed{}$$

분수를 통분하여 뺄셈을 하고 기약분수로 나타내세요.

$$\frac{3}{4} - \frac{2}{9} = \boxed{}$$

$$\frac{1}{7} - \frac{1}{21} = \boxed{}$$

$$\frac{7}{9} - \frac{1}{15} = \boxed{}$$

$$\frac{5}{6} - \frac{5}{14} = \boxed{}$$

$$\frac{2}{13} - \frac{1}{26} = \boxed{}$$

$$\frac{7}{20} - \frac{5}{18} = \boxed{}$$

$$\frac{15}{21} - \frac{1}{2} = \boxed{}$$

$$\frac{10}{11} - \frac{5}{8} = \boxed{}$$

$$\frac{4}{5} - \frac{5}{12} = \boxed{}$$

$$\frac{7}{15} - \frac{3}{8} = \boxed{}$$

$$\frac{17}{21} - \frac{11}{14} = \boxed{}$$

$$\frac{7}{12} - \frac{10}{39} = \boxed{}$$

$$\frac{5}{7} - \frac{7}{15} = \boxed{}$$

$$\frac{13}{20} - \frac{2}{25} = \boxed{}$$

분수를 통분하여 뺄셈을 하고 기약분수로 나타내세요.

$\dfrac{5}{12} - \dfrac{1}{9} =$ 　

$\dfrac{5}{9} - \dfrac{2}{11} =$ 　

$\dfrac{7}{12} - \dfrac{7}{15} =$ 　

$\dfrac{5}{12} - \dfrac{3}{16} =$ 　

$\dfrac{13}{15} - \dfrac{3}{4} =$ 　

$\dfrac{11}{12} - \dfrac{1}{8} =$ 　

$\dfrac{9}{13} - \dfrac{2}{3} =$ 　

$\dfrac{14}{15} - \dfrac{3}{4} =$ 　

$\dfrac{6}{7} - \dfrac{15}{21} =$ 　

$\dfrac{3}{32} - \dfrac{1}{24} =$ 　

$\dfrac{5}{42} - \dfrac{1}{21} =$ 　

$\dfrac{23}{35} - \dfrac{9}{14} =$ 　

$\dfrac{15}{16} - \dfrac{11}{12} =$ 　

$\dfrac{20}{27} - \dfrac{5}{18} =$

분수를 통분하여 뺄셈을 하고 기약분수로 나타내세요.

$3\dfrac{3}{4} - 1\dfrac{1}{3} = \boxed{}$

$5\dfrac{1}{4} - 1\dfrac{5}{6} = \boxed{}$

$2\dfrac{1}{3} - 2\dfrac{1}{7} = \boxed{}$

$4\dfrac{1}{3} - 2\dfrac{1}{6} = \boxed{}$

$5\dfrac{2}{3} - 1\dfrac{1}{8} = \boxed{}$

$3\dfrac{6}{7} - 2\dfrac{5}{14} = \boxed{}$

$2\dfrac{4}{5} - 1\dfrac{8}{13} = \boxed{}$

$6\dfrac{3}{8} - 1\dfrac{7}{12} = \boxed{}$

$5\dfrac{3}{14} - 1\dfrac{1}{4} = \boxed{}$

$4\dfrac{3}{5} - 2\dfrac{10}{13} = \boxed{}$

$2\dfrac{5}{12} - 1\dfrac{1}{9} = \boxed{}$

$3\dfrac{7}{25} - 2\dfrac{1}{10} = \boxed{}$

$3\dfrac{5}{8} - 1\dfrac{7}{18} = \boxed{}$

$3\dfrac{1}{6} - 2\dfrac{1}{39} = \boxed{}$

분수를 통분하여 뺄셈을 하고 기약분수로 나타내세요.

$6\dfrac{1}{4} - 1\dfrac{1}{8} =$

$2\dfrac{4}{5} - 2\dfrac{1}{3} =$

$3\dfrac{5}{6} - 1\dfrac{3}{8} =$

$5\dfrac{1}{5} - 1\dfrac{3}{4} =$

$5\dfrac{1}{6} - 1\dfrac{7}{8} =$

$2\dfrac{3}{8} - 1\dfrac{7}{12} =$

$4\dfrac{5}{6} - 1\dfrac{7}{8} =$

$4\dfrac{7}{12} - 2\dfrac{11}{15} =$

$6\dfrac{1}{12} - 6\dfrac{1}{21} =$

$4\dfrac{7}{30} - 1\dfrac{1}{6} =$

$2\dfrac{5}{12} - 1\dfrac{3}{28} =$

$3\dfrac{1}{15} - 2\dfrac{1}{45} =$

$4\dfrac{3}{20} - 3\dfrac{3}{16} =$

$5\dfrac{9}{20} - 1\dfrac{4}{15} =$

분수를 통분하여 뺄셈을 하고 기약분수로 나타내세요.

$2\dfrac{7}{8} - 1\dfrac{5}{6} =$ ☐

$6\dfrac{2}{3} - 3\dfrac{5}{6} =$ ☐

$4\dfrac{7}{9} - 2\dfrac{3}{4} =$ ☐

$5\dfrac{5}{6} - 1\dfrac{1}{18} =$ ☐

$3\dfrac{1}{2} - 2\dfrac{8}{13} =$ ☐

$4\dfrac{1}{8} - 2\dfrac{7}{10} =$ ☐

$3\dfrac{5}{6} - 1\dfrac{7}{18} =$ ☐

$4\dfrac{1}{16} - 3\dfrac{1}{48} =$ ☐

$3\dfrac{7}{20} - 2\dfrac{3}{32} =$ ☐

$5\dfrac{7}{30} - 3\dfrac{1}{35} =$ ☐

$3\dfrac{2}{15} - 1\dfrac{1}{45} =$ ☐

$5\dfrac{5}{14} - 2\dfrac{12}{35} =$ ☐

$6\dfrac{7}{12} - 1\dfrac{13}{32} =$ ☐

$4\dfrac{3}{14} - 3\dfrac{5}{18} =$ ☐

분수를 통분하여 뺄셈을 하고 기약분수로 나타내세요.

$3\dfrac{1}{4} - 3\dfrac{1}{7} =$ ☐

$5\dfrac{1}{3} - 4\dfrac{2}{9} =$ ☐

$3\dfrac{5}{6} - 2\dfrac{1}{24} =$ ☐

$2\dfrac{2}{3} - 1\dfrac{3}{11} =$ ☐

$4\dfrac{5}{9} - 1\dfrac{1}{12} =$ ☐

$5\dfrac{4}{7} - 1\dfrac{2}{21} =$ ☐

$6\dfrac{1}{27} - 4\dfrac{1}{30} =$ ☐

$5\dfrac{3}{14} - 4\dfrac{6}{7} =$ ☐

$4\dfrac{7}{36} - 3\dfrac{5}{18} =$ ☐

$4\dfrac{2}{11} - 1\dfrac{1}{22} =$ ☐

$3\dfrac{5}{23} - 1\dfrac{1}{46} =$ ☐

$7\dfrac{5}{27} - 3\dfrac{7}{18} =$ ☐

$4\dfrac{8}{45} - 2\dfrac{4}{27} =$ ☐

$3\dfrac{7}{36} - 1\dfrac{5}{42} =$ ☐

정답

1일차 진분수의 덧셈 (1)

다음과 같이 두 분모의 곱을 공통분모로 하여 통분한 후 덧셈을 하세요. 이때 계산 결과는 기약분수로 나타내고, 가분수이면 대분수로 나타내세요.

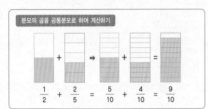

분모의 곱을 공통분모로 하여 계산하기

$$\frac{1}{2} + \frac{2}{5} = \frac{5}{10} + \frac{4}{10} = \frac{9}{10}$$

$$\frac{1}{3} + \frac{2}{7} = \frac{1 \times 7}{3 \times 7} + \frac{2 \times 3}{7 \times 3} = \frac{7}{21} + \frac{6}{21} = \frac{13}{21}$$

$$\frac{2}{3} + \frac{3}{4} = \frac{2 \times 4}{3 \times 4} + \frac{3 \times 3}{4 \times 3} = \frac{8}{12} + \frac{9}{12} = \frac{17}{12} = 1\frac{5}{12}$$

$$\frac{3}{4} + \frac{4}{5} = \frac{3 \times 5}{4 \times 5} + \frac{4 \times 4}{5 \times 4} = \frac{15}{20} + \frac{16}{20} = \frac{31}{20} = 1\frac{11}{20}$$

TIP
두 분수의 분모가 다르기 때문에 통분을 먼저 해야 합니다. 통분을 하는 여러 가지 방법 중 위와 같은 방법은 두 분모의 곱을 공통분모로 하여 통분한 후 통분한 분모는 그대로 두고 분자끼리 더하면 됩니다.

분모의 곱을 공통분모로 하여 통분한 후 덧셈을 하세요. 계산 결과는 기약분수로 나타내고, 가분수이면 대분수로 나타내세요.

$$\frac{1}{2} + \frac{1}{3} = \boxed{\frac{5}{6}}$$

$$\frac{1}{3} + \frac{1}{4} = \boxed{\frac{7}{12}}$$

$$\frac{2}{3} + \frac{1}{4} = \boxed{\frac{11}{12}}$$

$$\frac{3}{4} + \frac{1}{3} = \boxed{1\frac{1}{12}}$$

$$\frac{2}{3} + \frac{4}{5} = \boxed{1\frac{7}{15}}$$

$$\frac{3}{5} + \frac{3}{4} = \boxed{1\frac{7}{20}}$$

$$\frac{1}{4} + \frac{4}{5} = \boxed{1\frac{1}{20}}$$

$$\frac{1}{3} + \frac{7}{8} = \boxed{1\frac{5}{24}}$$

$$\frac{5}{7} + \frac{2}{3} = \boxed{1\frac{8}{21}}$$

$$\frac{1}{4} + \frac{4}{7} = \boxed{\frac{23}{28}}$$

$$\frac{7}{8} + \frac{2}{5} = \boxed{1\frac{11}{40}}$$

$$\frac{3}{7} + \frac{5}{8} = \boxed{1\frac{3}{56}}$$

$$\frac{1}{2} + \frac{5}{11} = \boxed{\frac{21}{22}}$$

$$\frac{2}{3} + \frac{3}{10} = \boxed{\frac{29}{30}}$$

분모의 곱을 공통분모로 하여 통분한 후 덧셈을 하세요. 계산 결과는 기약분수로 나타내고, 가분수이면 대분수로 나타내세요.

$$\frac{4}{5} + \frac{1}{3} = \boxed{1\frac{2}{15}}$$

$$\frac{2}{3} + \frac{2}{7} = \boxed{\frac{20}{21}}$$

$$\frac{2}{3} + \frac{5}{8} = \boxed{1\frac{7}{24}}$$

$$\frac{3}{4} + \frac{1}{5} = \boxed{\frac{19}{20}}$$

$$\frac{1}{2} + \frac{6}{7} = \boxed{1\frac{5}{14}}$$

$$\frac{1}{2} + \frac{4}{9} = \boxed{\frac{17}{18}}$$

$$\frac{1}{3} + \frac{4}{7} = \boxed{\frac{19}{21}}$$

$$\frac{1}{7} + \frac{5}{6} = \boxed{\frac{41}{42}}$$

$$\frac{2}{7} + \frac{1}{4} = \boxed{\frac{15}{28}}$$

$$\frac{3}{8} + \frac{4}{7} = \boxed{\frac{53}{56}}$$

$$\frac{3}{7} + \frac{2}{9} = \boxed{\frac{41}{63}}$$

$$\frac{7}{9} + \frac{1}{4} = \boxed{1\frac{1}{36}}$$

$$\frac{4}{5} + \frac{7}{12} = \boxed{1\frac{23}{60}}$$

$$\frac{2}{13} + \frac{2}{5} = \boxed{\frac{36}{65}}$$

2일차 진분수의 덧셈 (2)

다음과 같이 두 분모의 최소공배수를 공통분모로 하여 통분한 후 덧셈을 하세요. 이때 계산 결과는 기약분수로 나타내고, 가분수이면 대분수로 나타내세요.

분모의 최소공배수를 공통분모로 하여 통분하기

$$\frac{3}{4} + \frac{1}{6} = \frac{9}{12} + \frac{2}{12} = \frac{11}{12}$$

4와 6의 최소공배수

$$\frac{1}{3} + \frac{5}{6} = \frac{1 \times 2}{3 \times 2} + \frac{5 \times 1}{6 \times 1} = \frac{2}{6} + \frac{5}{6} = \frac{7}{6} = 1\frac{1}{6}$$

3과 6의 최소공배수 : 6

$$
\begin{array}{r|cc}
3 & 3 & 6 \\
\hline
 & 1 & 2
\end{array}
$$

$$\frac{1}{6} + \frac{3}{8} = \frac{1 \times 4}{6 \times 4} + \frac{3 \times 3}{8 \times 3} = \frac{4}{24} + \frac{9}{24} = \frac{13}{24}$$

TIP
두 분모의 최소공배수를 공통분모로 하여 통분한 후 통분한 분모는 그대로 두고 분자끼리 더하면 됩니다.

신나는 연산!

분모의 최소공배수를 공통분모로 하여 통분한 후 덧셈을 하세요. 계산 결과는 기약분수로 나타내고, 가분수이면 대분수로 나타내세요.

$\dfrac{1}{2} + \dfrac{3}{4} = 1\dfrac{1}{4}$ $\dfrac{1}{3} + \dfrac{1}{6} = \dfrac{1}{2}$

$\dfrac{1}{4} + \dfrac{5}{8} = \dfrac{7}{8}$ $\dfrac{1}{2} + \dfrac{5}{6} = 1\dfrac{1}{3}$

$\dfrac{2}{5} + \dfrac{7}{10} = 1\dfrac{1}{10}$ $\dfrac{8}{25} + \dfrac{1}{5} = \dfrac{13}{25}$

$\dfrac{5}{6} + \dfrac{7}{12} = 1\dfrac{5}{12}$ $\dfrac{3}{20} + \dfrac{4}{5} = \dfrac{19}{20}$

$\dfrac{4}{7} + \dfrac{3}{14} = \dfrac{11}{14}$ $\dfrac{1}{2} + \dfrac{11}{12} = 1\dfrac{5}{12}$

$\dfrac{2}{21} + \dfrac{6}{7} = \dfrac{20}{21}$ $\dfrac{1}{3} + \dfrac{7}{12} = \dfrac{11}{12}$

$\dfrac{3}{8} + \dfrac{3}{16} = \dfrac{9}{16}$ $\dfrac{1}{6} + \dfrac{7}{18} = \dfrac{5}{9}$

분모의 최소공배수를 공통분모로 하여 통분한 후 덧셈을 하세요. 계산 결과는 기약분수로 나타내고, 가분수이면 대분수로 나타내세요.

$\dfrac{1}{5} + \dfrac{7}{15} = \dfrac{2}{3}$ $\dfrac{7}{8} + \dfrac{1}{4} = 1\dfrac{1}{8}$

$\dfrac{2}{3} + \dfrac{5}{9} = 1\dfrac{2}{9}$ $\dfrac{3}{8} + \dfrac{5}{24} = \dfrac{7}{12}$

$\dfrac{4}{9} + \dfrac{5}{18} = \dfrac{13}{18}$ $\dfrac{1}{4} + \dfrac{3}{10} = \dfrac{11}{20}$

$\dfrac{1}{6} + \dfrac{7}{10} = \dfrac{13}{15}$ $\dfrac{3}{4} + \dfrac{9}{14} = 1\dfrac{11}{28}$

$\dfrac{8}{9} + \dfrac{1}{12} = \dfrac{35}{36}$ $\dfrac{4}{7} + \dfrac{5}{28} = \dfrac{3}{4}$

$\dfrac{7}{8} + \dfrac{13}{24} = 1\dfrac{5}{12}$ $\dfrac{5}{9} + \dfrac{5}{24} = \dfrac{55}{72}$

$\dfrac{11}{12} + \dfrac{4}{15} = 1\dfrac{11}{60}$ $\dfrac{7}{20} + \dfrac{9}{30} = \dfrac{13}{20}$

---

9 일 차 진분수의 덧셈 (3)

분수를 통분하여 덧셈을 하고 기약분수로 나타내세요.

$\dfrac{1}{2} + \dfrac{2}{3} = 1\dfrac{1}{6}$ $\dfrac{1}{4} + \dfrac{5}{6} = 1\dfrac{1}{12}$

$\dfrac{1}{3} + \dfrac{7}{9} = 1\dfrac{1}{9}$ $\dfrac{4}{5} + \dfrac{5}{8} = 1\dfrac{17}{40}$

$\dfrac{3}{4} + \dfrac{3}{7} = 1\dfrac{5}{28}$ $\dfrac{8}{9} + \dfrac{7}{18} = 1\dfrac{5}{18}$

$\dfrac{7}{8} + \dfrac{1}{12} = \dfrac{23}{24}$ $\dfrac{3}{5} + \dfrac{5}{12} = 1\dfrac{1}{60}$

$\dfrac{2}{3} + \dfrac{7}{15} = 1\dfrac{2}{15}$ $\dfrac{5}{6} + \dfrac{11}{12} = 1\dfrac{3}{4}$

TIP

1일차의 두 분모의 곱으로 통분을 하는 방법은 공통분모를 구하기 편하지만 계산 결과의 분모와 분자가 커지는 단점이 있습니다.
또한 2일차의 두 분모의 최소공배수로 통분을 하는 방법은 분자끼리의 덧셈이 간단한 반면, 최소공배수를 구하는 과정이 필요하다는 단점이 있습니다. 그러므로 상황에 따라 더 적합한 통분방법을 선택하여 계산하도록 해야 합니다.

분수를 통분하여 덧셈을 하고 기약분수로 나타내세요.

$\dfrac{2}{3} + \dfrac{3}{4} = 1\dfrac{5}{12}$ $\dfrac{3}{4} + \dfrac{7}{8} = 1\dfrac{5}{8}$

$\dfrac{2}{3} + \dfrac{9}{10} = 1\dfrac{17}{30}$ $\dfrac{1}{2} + \dfrac{3}{8} = \dfrac{7}{8}$

$\dfrac{5}{6} + \dfrac{5}{16} = 1\dfrac{7}{48}$ $\dfrac{6}{7} + \dfrac{4}{5} = 1\dfrac{23}{35}$

$\dfrac{1}{3} + \dfrac{9}{14} = \dfrac{41}{42}$ $\dfrac{7}{15} + \dfrac{7}{9} = 1\dfrac{11}{45}$

$\dfrac{9}{10} + \dfrac{2}{15} = 1\dfrac{1}{30}$ $\dfrac{1}{12} + \dfrac{8}{15} = \dfrac{37}{60}$

$\dfrac{9}{14} + \dfrac{1}{7} = \dfrac{11}{14}$ $\dfrac{7}{12} + \dfrac{7}{16} = 1\dfrac{1}{48}$

$\dfrac{5}{16} + \dfrac{7}{18} = \dfrac{101}{144}$ $\dfrac{9}{14} + \dfrac{14}{21} = 1\dfrac{13}{42}$

4일차 진분수끼리의 덧셈 퍼즐 (1)

🌱 빈 곳에 알맞은 수를 써넣으세요. 계산 결과는 기약분수로 나타내고, 가분수이면 대분수로 나타내세요.

$\frac{2}{5}$ → $+\frac{7}{20}$ → $\frac{3}{4}$ 　　 $\frac{5}{8}$ → $+\frac{5}{12}$ → $1\frac{1}{24}$

$\frac{4}{5}$ → $+\frac{11}{12}$ → $1\frac{43}{60}$ 　　 $\frac{7}{12}$ → $+\frac{8}{15}$ → $1\frac{7}{60}$

$\frac{2}{3}$ → $+\frac{7}{10}$ → $1\frac{11}{30}$ 　　 $\frac{3}{4}$ → $+\frac{10}{11}$ → $1\frac{29}{44}$

$\frac{2}{9}$ → $+\frac{5}{8}$ → $\frac{61}{72}$ 　　 $\frac{1}{2}$ → $+\frac{4}{17}$ → $\frac{25}{34}$

🌱 빈 곳에 알맞은 수를 써넣으세요. 계산 결과는 기약분수로 나타내고, 가분수이면 대분수로 나타내세요.

$\frac{5}{6}$ → $+\frac{7}{12}$ → $1\frac{5}{12}$ 　　 $\frac{1}{7}$ → $+\frac{4}{5}$ → $\frac{33}{35}$

$\frac{7}{9}$ → $+\frac{4}{15}$ → $1\frac{2}{45}$ 　　 $\frac{5}{12}$ → $+\frac{11}{24}$ → $\frac{7}{8}$

$\frac{3}{14}$ → $+\frac{16}{21}$ → $\frac{41}{42}$ 　　 $\frac{3}{8}$ → $+\frac{3}{14}$ → $\frac{33}{56}$

$\frac{5}{8}$ → $+\frac{7}{9}$ → $1\frac{29}{72}$ 　　 $\frac{7}{8}$ → $+\frac{17}{18}$ → $1\frac{59}{72}$

5일차 진분수끼리의 덧셈 퍼즐 (2)

🌱 빈 곳에 두 분수의 합을 써넣으세요. 계산 결과는 기약분수로 나타내고, 가분수이면 대분수로 나타내세요.

$\frac{2}{3}$ 　 $\frac{1}{6}$ 　 $\frac{2}{3}$

$\frac{29}{30}$ 　 $\frac{3}{10}$ 　　 $\frac{11}{18}$ 　 $\frac{4}{9}$ 　　 $1\frac{7}{15}$ 　 $\frac{4}{5}$

$\frac{1}{2}$ 　 $\frac{1}{7}$ 　 $\frac{3}{8}$

$1\frac{3}{8}$ 　 $\frac{7}{8}$ 　　 $\frac{26}{35}$ 　 $\frac{3}{5}$ 　　 $\frac{19}{24}$ 　 $\frac{5}{12}$

$\frac{2}{9}$ 　 $\frac{9}{10}$ 　 $\frac{8}{15}$

$1\frac{1}{6}$ 　 $\frac{17}{18}$ 　　 $1\frac{7}{10}$ 　 $\frac{4}{5}$ 　　 $\frac{5}{6}$ 　 $\frac{3}{10}$

🌱 빈 곳에 두 분수의 합을 써넣으세요. 계산 결과는 기약분수로 나타내고, 가분수이면 대분수로 나타내세요.

$\frac{2}{3}$ 　 $1\frac{2}{9}$ 　　 $\frac{4}{9}$ 　 $1\frac{5}{72}$ 　　 $\frac{2}{3}$ 　 $1\frac{1}{42}$

$\frac{5}{9}$ 　　 $\frac{5}{8}$ 　　 $\frac{5}{14}$

$\frac{5}{6}$ 　 $1\frac{3}{4}$ 　　 $\frac{2}{5}$ 　 $1\frac{1}{10}$ 　　 $\frac{8}{15}$ 　 $1\frac{4}{45}$

$\frac{11}{12}$ 　　 $\frac{7}{10}$ 　　 $\frac{5}{9}$

$\frac{9}{16}$ 　 $1\frac{1}{16}$ 　　 $\frac{7}{10}$ 　 $\frac{44}{45}$ 　　 $\frac{4}{15}$ 　 $\frac{89}{90}$

$\frac{1}{2}$ 　　 $\frac{5}{18}$ 　　 $\frac{13}{18}$

대분수의 덧셈 (1)

다음과 같이 두 분모의 최소공배수를 공통분모로 하여 통분한 후 덧셈을 하세요. 이때 계산 결과는 기약분수로 나타내세요.

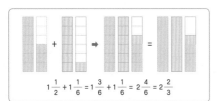

$$1\frac{1}{2} + 1\frac{1}{6} = 1\frac{3}{6} + 1\frac{1}{6} = 2\frac{4}{6} = 2\frac{2}{3}$$

$$1\frac{1}{4} + 1\frac{2}{3} = 1\frac{3}{12} + 1\frac{8}{12} = 2\frac{11}{12}$$
(3+8=11, 1+1=2)

$$1\frac{1}{6} + 2\frac{1}{12} = 1\frac{2}{12} + 2\frac{1}{12} = 3\frac{3}{12} = 3\frac{1}{4}$$

> **TIP** 두 분모의 최소공배수를 공통분모로 하여 두 분수의 분모를 먼저 **통분**합니다. 그리고 자연수는 자연수끼리, 분수는 분수끼리 더합니다.

24 소마셈 – D5

분수를 통분하여 덧셈을 하고 기약분수로 나타내세요.

$$2\frac{1}{2} + 1\frac{1}{7} = 3\frac{9}{14} \qquad 2\frac{1}{3} + 1\frac{2}{7} = 3\frac{13}{21}$$

$$1\frac{1}{3} + 1\frac{1}{9} = 2\frac{4}{9} \qquad 1\frac{1}{3} + 2\frac{3}{8} = 3\frac{17}{24}$$

$$2\frac{1}{3} + 2\frac{3}{5} = 4\frac{14}{15} \qquad 1\frac{3}{5} + 1\frac{1}{4} = 2\frac{17}{20}$$

$$3\frac{1}{4} + 1\frac{2}{7} = 4\frac{15}{28} \qquad 3\frac{2}{5} + 1\frac{3}{10} = 4\frac{7}{10}$$

$$2\frac{1}{4} + 3\frac{1}{6} = 5\frac{5}{12} \qquad 3\frac{5}{6} + 2\frac{1}{12} = 5\frac{11}{12}$$

$$4\frac{1}{2} + 1\frac{2}{7} = 5\frac{11}{14} \qquad 1\frac{3}{8} + 3\frac{5}{18} = 4\frac{47}{72}$$

$$3\frac{3}{8} + 1\frac{3}{10} = 4\frac{27}{40} \qquad 2\frac{5}{12} + 1\frac{7}{18} = 3\frac{29}{36}$$

2주 – 분모가 다른 대분수의 덧셈 25

분수를 통분하여 덧셈을 하고 기약분수로 나타내세요.

$$1\frac{2}{5} + 1\frac{1}{7} = 2\frac{19}{35} \qquad 2\frac{1}{3} + 1\frac{1}{4} = 3\frac{7}{12}$$

$$2\frac{1}{4} + 1\frac{5}{8} = 3\frac{7}{8} \qquad 1\frac{1}{6} + 3\frac{4}{9} = 4\frac{11}{18}$$

$$1\frac{1}{2} + 3\frac{2}{5} = 4\frac{9}{10} \qquad 2\frac{1}{4} + 3\frac{1}{6} = 5\frac{5}{12}$$

$$3\frac{1}{8} + 1\frac{5}{14} = 4\frac{27}{56} \qquad 3\frac{1}{3} + 1\frac{2}{15} = 4\frac{7}{15}$$

$$2\frac{1}{6} + 2\frac{5}{8} = 4\frac{19}{24} \qquad 2\frac{1}{9} + 2\frac{2}{9} = 4\frac{4}{9}$$

$$3\frac{1}{10} + 1\frac{3}{20} = 4\frac{1}{4} \qquad 2\frac{3}{14} + 1\frac{4}{21} = 3\frac{17}{42}$$

$$4\frac{2}{3} + 2\frac{1}{18} = 6\frac{13}{18} \qquad 5\frac{3}{10} + 1\frac{1}{25} = 6\frac{17}{50}$$

26 소마셈 – D5

대분수의 덧셈 (2)

다음과 같이 두 분모의 최소공배수를 공통분모로 하여 통분한 후 덧셈을 하세요. 이때 계산 결과는 기약분수로 나타내고, 가분수이면 대분수로 나타내세요.

$$2\frac{2}{3} + 1\frac{5}{7} = 2\frac{14}{21} + 1\frac{15}{21} = 3 + \frac{29}{21} = 3 + 1\frac{8}{21} = 4\frac{8}{21}$$

$$1\frac{3}{4} + 1\frac{5}{6} = 1\frac{9}{12} + 1\frac{10}{12} = 2 + \frac{19}{12}$$
$$= 2 + 1\frac{7}{12} = 3\frac{7}{12}$$

$$2\frac{5}{6} + 1\frac{4}{9} = 2\frac{15}{18} + 1\frac{8}{18} = 3 + \frac{23}{18}$$
$$= 3 + 1\frac{5}{18} = 4\frac{5}{18}$$

> **TIP** 두 분모의 최소공배수를 공통분모로 하여 두 분수의 분모를 먼저 통분한 후 자연수는 자연수끼리, 분수는 분수끼리 더합니다. 분수 부분끼리의 합이 가분수이면, 대분수로 나타낸 후 자연수와 더합니다.

2주 – 분모가 다른 대분수의 덧셈 27

P
28
~
29

2주

분수를 통분하여 덧셈을 하세요. 계산 결과는 기약분수로 나타내고, 가분수이면 대분수로 나타내세요.

$2\frac{2}{3} + 1\frac{5}{9} = 4\frac{2}{9}$ $1\frac{1}{2} + 3\frac{7}{8} = 5\frac{3}{8}$

$1\frac{4}{5} + 1\frac{7}{10} = 3\frac{1}{2}$ $1\frac{7}{24} + 3\frac{7}{8} = 5\frac{1}{6}$

$2\frac{2}{3} + 3\frac{5}{6} = 6\frac{1}{2}$ $1\frac{3}{4} + 1\frac{3}{7} = 3\frac{5}{28}$

$1\frac{1}{2} + 4\frac{8}{11} = 6\frac{5}{22}$ $2\frac{3}{5} + 1\frac{11}{12} = 4\frac{31}{60}$

$3\frac{5}{6} + 2\frac{7}{9} = 6\frac{11}{18}$ $1\frac{3}{8} + 1\frac{14}{25} = 3\frac{4}{25}$

$3\frac{7}{8} + 2\frac{9}{20} = 6\frac{9}{40}$ $2\frac{5}{6} + 2\frac{13}{30} = 5\frac{4}{15}$

$3\frac{3}{5} + 2\frac{8}{15} = 6\frac{2}{15}$ $5\frac{5}{11} + 1\frac{13}{22} = 7\frac{1}{22}$

분수를 통분하여 덧셈을 하세요. 계산 결과는 기약분수로 나타내고, 가분수이면 대분수로 나타내세요.

$4\frac{4}{5} + 1\frac{2}{9} = 6\frac{1}{45}$ $2\frac{1}{2} + 1\frac{7}{8} = 4\frac{3}{8}$

$1\frac{2}{3} + 3\frac{7}{12} = 5\frac{1}{4}$ $2\frac{1}{4} + 1\frac{9}{10} = 4\frac{3}{20}$

$3\frac{5}{6} + 3\frac{3}{10} = 7\frac{2}{15}$ $1\frac{4}{5} + 5\frac{6}{7} = 7\frac{23}{35}$

$2\frac{3}{4} + 2\frac{8}{9} = 5\frac{23}{36}$ $1\frac{5}{6} + 4\frac{7}{8} = 6\frac{17}{24}$

$1\frac{5}{6} + 2\frac{3}{11} = 4\frac{7}{66}$ $1\frac{23}{25} + 1\frac{9}{50} = 3\frac{1}{10}$

$3\frac{5}{6} + 1\frac{7}{22} = 5\frac{5}{33}$ $2\frac{13}{17} + 1\frac{9}{34} = 4\frac{1}{34}$

$3\frac{3}{4} + 2\frac{17}{30} = 6\frac{19}{60}$ $2\frac{11}{12} + 2\frac{3}{16} = 5\frac{5}{48}$

28 소마셈 – D5

P
30
~
31

3 일 차

대분수의 덧셈 (3)

2주

분수를 통분하여 덧셈을 하고 기약분수로 나타내세요.

$2\frac{1}{3} + 2\frac{2}{9} = 4\frac{5}{9}$ $2\frac{3}{4} + 3\frac{1}{7} = 5\frac{25}{28}$

$2\frac{1}{2} + 1\frac{7}{10} = 4\frac{1}{5}$ $3\frac{1}{2} + 3\frac{5}{9} = 7\frac{1}{18}$

$3\frac{3}{4} + 1\frac{9}{10} = 5\frac{13}{20}$ $1\frac{5}{6} + 5\frac{4}{9} = 7\frac{5}{18}$

$4\frac{5}{6} + 1\frac{1}{12} = 5\frac{11}{12}$ $1\frac{2}{5} + 1\frac{6}{13} = 2\frac{56}{65}$

$1\frac{3}{10} + 2\frac{3}{8} = 3\frac{27}{40}$ $2\frac{2}{11} + 1\frac{3}{22} = 3\frac{7}{22}$

분수를 통분하여 덧셈을 하고 기약분수로 나타내세요.

$2\frac{1}{2} + 1\frac{1}{3} = 3\frac{5}{6}$ $2\frac{1}{4} + 2\frac{5}{6} = 5\frac{1}{12}$

$2\frac{2}{3} + 2\frac{7}{10} = 5\frac{11}{30}$ $2\frac{3}{4} + 1\frac{5}{12} = 3\frac{19}{24}$

$3\frac{4}{9} + 2\frac{5}{8} = 6\frac{5}{72}$ $1\frac{2}{9} + 3\frac{17}{18} = 5\frac{1}{6}$

$1\frac{8}{15} + 1\frac{1}{3} = 2\frac{5}{6}$ $3\frac{7}{12} + 3\frac{8}{15} = 7\frac{7}{60}$

$4\frac{4}{11} + 1\frac{4}{7} = 5\frac{72}{77}$ $1\frac{9}{10} + 4\frac{7}{8} = 6\frac{31}{40}$

$2\frac{7}{15} + 5\frac{7}{20} = 7\frac{49}{60}$ $2\frac{5}{12} + 1\frac{9}{16} = 3\frac{47}{48}$

$1\frac{4}{15} + 4\frac{13}{18} = 5\frac{89}{90}$ $2\frac{11}{12} + 1\frac{1}{8} = 4\frac{1}{24}$

TIP

분모가 다른 대분수의 덧셈은 대분수를 가분수로 바꾸어 계산할 수도 있습니다. 하지만 대분수를 가분수로 바꾸면 수가 커져서 계산을 실수하기 쉽고, 계산 결과를 다시 대분수로 고쳐야 하기 때문에 두 분수를 통분한 후 자연수는 자연수끼리, 분수는 분수끼리 더하는 방법을 사용하는 것이 편합니다.

30 소마셈 – D5

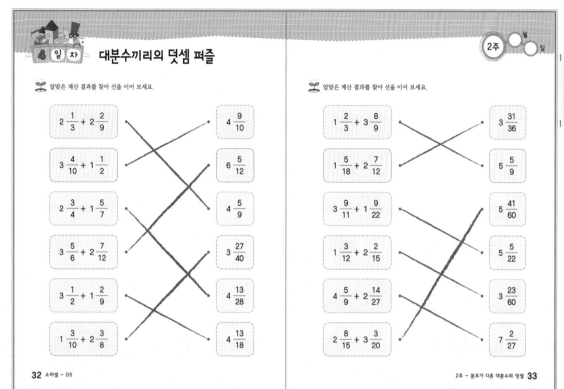

4 일 차 대분수끼리의 덧셈 퍼즐

🌱 알맞은 계산 결과를 찾아 선을 이어 보세요.

$2\frac{1}{3} + 2\frac{2}{9}$ $4\frac{9}{10}$

$3\frac{4}{10} + 1\frac{1}{2}$ $6\frac{5}{12}$

$2\frac{3}{4} + 1\frac{5}{7}$ $4\frac{5}{9}$

$3\frac{5}{6} + 2\frac{7}{12}$ $3\frac{27}{40}$

$3\frac{1}{2} + 1\frac{2}{9}$ $4\frac{13}{28}$

$1\frac{3}{10} + 2\frac{3}{8}$ $4\frac{13}{18}$

🌱 알맞은 계산 결과를 찾아 선을 이어 보세요.

$1\frac{2}{3} + 3\frac{8}{9}$ $3\frac{31}{36}$

$1\frac{5}{18} + 2\frac{7}{12}$ $5\frac{5}{9}$

$3\frac{9}{11} + 1\frac{1}{22}$ $5\frac{41}{60}$

$1\frac{3}{12} + 2\frac{2}{15}$ $5\frac{5}{22}$

$4\frac{5}{9} + 2\frac{14}{27}$ $3\frac{23}{60}$

$2\frac{8}{15} + 3\frac{3}{20}$ $7\frac{2}{27}$

5 일 차 문장제

🌱 다음을 읽고 알맞은 식을 쓰고, 답을 구하세요. 계산 결과는 기약분수로 나타내고, 가분수이면 대분수로 나타내세요.

성아는 길이가 각각 $\frac{1}{2}$ m와 $\frac{3}{14}$ m인 색테이프를 가지고 있습니다. 성아가 가진 색테이프의 길이는 모두 몇 m일까요?

식 : $\frac{1}{2} + \frac{3}{14} = \frac{5}{7}$ $\boxed{\dfrac{5}{7}}$ m

연우네 텃밭의 $\frac{1}{6}$ 은 당근이 심어져 있고, $\frac{7}{10}$ 은 가지가 심어져 있습니다. 당근과 가지는 전체 텃밭에서 얼마만큼을 차지할까요?

식 : $\frac{1}{6} + \frac{7}{10} = \frac{13}{15}$ $\boxed{\dfrac{13}{15}}$

🌱 다음을 읽고 알맞은 식을 쓰고, 답을 구하세요. 계산 결과는 기약분수로 나타내고, 가분수이면 대분수로 나타내세요.

현진이네 집에서 놀이터까지의 거리는 $2\frac{3}{4}$ km이고, 놀이터에서 학교까지의 거리는 $1\frac{1}{7}$ km입니다. 현진이네 집에서 놀이터를 거쳐 학교까지의 거리는 몇 km일까요?

식 : $2\frac{3}{4} + 1\frac{1}{7} = 3\frac{25}{28}$ $\boxed{3\dfrac{25}{28}}$ Km

과수원에서 어제 사과 $4\frac{7}{12}$ kg을 수확했고, 오늘은 어제보다 $1\frac{1}{8}$ kg 더 수확했습니다. 과수원에서 오늘 수확한 사과는 몇 kg일까요?

식 : $4\frac{7}{12} + 1\frac{1}{8} = 5\frac{17}{24}$ $\boxed{5\dfrac{17}{24}}$ kg

신나는 연산!

다음을 읽고 알맞은 식을 쓰고, 답을 구하세요. 계산 결과는 기약분수로 나타내고, 가분수이면 대분수로 나타내세요.

식탁에 찬물은 $\frac{3}{4}$ L가 있고, 더운물은 $\frac{5}{14}$ L가 있습니다. 찬물과 더운물은 모두 몇 L 일까요?

식 : $\frac{3}{4} + \frac{5}{14} = 1\frac{3}{28}$ ☐ $1\frac{3}{28}$ L

연주는 동화책을 어제는 $1\frac{1}{3}$시간, 오늘은 $2\frac{2}{7}$시간 동안 읽었습니다. 연주가 어제와 오늘 책을 읽은 시간은 모두 몇 시간일까요?

식 : $1\frac{1}{3} + 2\frac{2}{7} = 3\frac{13}{21}$ ☐ $3\frac{13}{21}$ 시간

선아와 형주는 꽃밭에 물을 주었습니다. 선아는 $2\frac{5}{6}$ L만큼, 형주는 $3\frac{3}{8}$ L만큼 물을 주었다면 두 사람이 꽃밭에 준 물은 모두 몇 L일까요?

식 : $2\frac{5}{6} + 3\frac{3}{8} = 6\frac{5}{24}$ ☐ $6\frac{5}{24}$ L

다음을 읽고 알맞은 식을 쓰고, 답을 구하세요. 계산 결과는 기약분수로 나타내고, 가분수이면 대분수로 나타내세요.

어떤 수에서 $\frac{7}{9}$ 을 뺐더니 $\frac{1}{3}$이 되었습니다. 어떤 수는 얼마일까요?

식 : $\frac{1}{3} + \frac{7}{9} = 1\frac{1}{9}$ ☐ $1\frac{1}{9}$

빨간색 페인트 $\frac{7}{12}$ L가 들어있는 통에 파란색 페인트 $\frac{4}{21}$ L를 넣어 섞었습니다. 페인트의 양은 모두 몇 L일까요?

식 : $\frac{7}{12} + \frac{4}{21} = \frac{65}{84}$ ☐ $\frac{65}{84}$ L

등산로 입구에서 약수터까지 거리는 $2\frac{4}{5}$ km이고, 약수터에서 절까지의 거리는 $3\frac{7}{20}$ km입니다. 등산로 입구에서 약수터를 거쳐 절까지의 거리는 몇 km일까요?

식 : $2\frac{4}{5} + 3\frac{7}{20} = 6\frac{3}{20}$ ☐ $6\frac{3}{20}$ km

1 일 차 진분수의 뺄셈 (1)

다음과 같이 두 분모의 곱을 공통분모로 하여 통분한 후 뺄셈을 하세요. 이때 계산 결과는 기약분수로 나타내세요.

분모의 곱을 공통분모로 하여 계산하기

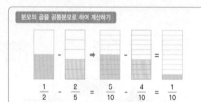

$\frac{1}{2} - \frac{2}{5} = \frac{5}{10} - \frac{4}{10} = \frac{1}{10}$

$\frac{2}{3} - \frac{1}{5} = \frac{2 \times 5}{3 \times 5} - \frac{1 \times 3}{5 \times 3} = \frac{10}{15} - \frac{3}{15} = \frac{7}{15}$

$\frac{3}{4} - \frac{4}{7} = \frac{3 \times 7}{4 \times 7} - \frac{4 \times 4}{7 \times 4} = \frac{21}{28} - \frac{16}{28} = \frac{5}{28}$

$\frac{3}{4} - \frac{1}{6} = \frac{3 \times 6}{4 \times 6} - \frac{1 \times 4}{6 \times 4} = \frac{18}{24} - \frac{14}{24} = \frac{14}{24} = \frac{7}{12}$

TIP

분모가 같은 진분수끼리 뺄셈은 분모가 같은 진분수끼리 덧셈처럼 두 분수의 분모가 다르기 때문에 통분을 먼저 해야 합니다. 통분을 하는 여러 가지 방법 중 위와 같은 방법은 두 분모의 곱을 공통분모로 하여 통분한 후 통분한 분모는 그대로 두고 분자끼리 빼면 됩니다.

분모의 곱을 공통분모로 하여 통분한 후 뺄셈을 하세요. 계산 결과는 기약분수로 나타내세요.

$\frac{1}{3} - \frac{1}{4} = \boxed{\frac{1}{12}}$ $\frac{1}{2} - \frac{2}{5} = \boxed{\frac{1}{10}}$

$\frac{2}{3} - \frac{1}{5} = \boxed{\frac{7}{15}}$ $\frac{3}{4} - \frac{2}{5} = \boxed{\frac{7}{20}}$

$\frac{3}{4} - \frac{1}{3} = \boxed{\frac{5}{12}}$ $\frac{3}{4} - \frac{4}{7} = \boxed{\frac{5}{28}}$

$\frac{3}{5} - \frac{1}{2} = \boxed{\frac{1}{10}}$ $\frac{4}{5} - \frac{2}{3} = \boxed{\frac{2}{15}}$

$\frac{3}{5} - \frac{1}{3} = \boxed{\frac{4}{15}}$ $\frac{3}{4} - \frac{1}{2} = \boxed{\frac{1}{4}}$

$\frac{1}{2} - \frac{1}{6} = \boxed{\frac{1}{3}}$ $\frac{1}{6} - \frac{1}{9} = \boxed{\frac{1}{18}}$

$\frac{7}{10} - \frac{1}{2} = \boxed{\frac{1}{5}}$ $\frac{1}{4} - \frac{1}{10} = \boxed{\frac{3}{20}}$

(3주)

🌱 분모의 곱을 공통분모로 하여 통분한 후 뺄셈을 하세요. 계산 결과는 기약분수로 나타내요.

$\dfrac{2}{3} - \dfrac{1}{4} = \boxed{\dfrac{5}{12}}$

$\dfrac{1}{4} - \dfrac{1}{6} = \boxed{\dfrac{1}{12}}$

$\dfrac{3}{4} - \dfrac{1}{6} = \boxed{\dfrac{7}{12}}$

$\dfrac{5}{6} - \dfrac{1}{9} = \boxed{\dfrac{13}{18}}$

$\dfrac{5}{6} - \dfrac{1}{10} = \boxed{\dfrac{11}{15}}$

$\dfrac{3}{8} - \dfrac{1}{6} = \boxed{\dfrac{5}{24}}$

$\dfrac{5}{6} - \dfrac{3}{8} = \boxed{\dfrac{11}{24}}$

$\dfrac{5}{6} - \dfrac{1}{4} = \boxed{\dfrac{7}{12}}$

$\dfrac{5}{6} - \dfrac{2}{3} = \boxed{\dfrac{1}{6}}$

$\dfrac{1}{6} - \dfrac{1}{7} = \boxed{\dfrac{1}{42}}$

$\dfrac{3}{4} - \dfrac{1}{5} = \boxed{\dfrac{11}{20}}$

$\dfrac{5}{8} - \dfrac{1}{2} = \boxed{\dfrac{1}{8}}$

$\dfrac{9}{10} - \dfrac{8}{9} = \boxed{\dfrac{1}{90}}$

$\dfrac{3}{4} - \dfrac{2}{11} = \boxed{\dfrac{25}{44}}$

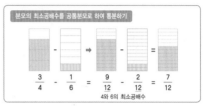 **2 일 차 진분수의 뺄셈 (2)**

🌱 다음과 같이 두 분모의 최소공배수를 공통분모로 하여 통분한 후 뺄셈을 하세요. 이때 계산 결과는 기약분수로 나타내세요.

분모의 최소공배수를 공통분모로 하여 통분하기

$\dfrac{3}{4} - \dfrac{1}{6} = \dfrac{9}{12} - \dfrac{2}{12} = \dfrac{7}{12}$

4와 6의 최소공배수

$\dfrac{1}{6} - \dfrac{1}{9} = \dfrac{1 \times \boxed{3}}{6 \times \boxed{3}} - \dfrac{1 \times \boxed{2}}{9 \times \boxed{2}} = \dfrac{\boxed{3}}{18} - \dfrac{\boxed{2}}{18} = \dfrac{1}{18}$

6과 9의 최소공배수 : 18

$3\,)\!\!\begin{array}{c}\underline{6\quad 9}\\ 2\quad 3\end{array}$

$\dfrac{3}{4} - \dfrac{1}{10} = \dfrac{3 \times \boxed{5}}{4 \times \boxed{5}} + \dfrac{1 \times \boxed{2}}{10 \times \boxed{2}} = \dfrac{\boxed{15}}{20} - \dfrac{\boxed{2}}{20} = \dfrac{\boxed{13}}{20}$

TIP
두 분모의 최소공배수를 공통분모로 하여 통분한 후 통분한 분모는 그대로 두고 분자끼리 빼면 됩니다.

P
42
~
43

 신나는 연산!

🌱 분모의 최소공배수를 공통분모로 하여 통분한 후 뺄셈을 하세요. 계산 결과는 기약분수로 나타내세요.

$\dfrac{5}{6} - \dfrac{2}{3} = \boxed{\dfrac{1}{6}}$

$\dfrac{1}{2} - \dfrac{2}{7} = \boxed{\dfrac{3}{14}}$

$\dfrac{2}{3} - \dfrac{3}{10} = \boxed{\dfrac{11}{30}}$

$\dfrac{1}{4} - \dfrac{1}{10} = \boxed{\dfrac{3}{20}}$

$\dfrac{5}{6} - \dfrac{2}{9} = \boxed{\dfrac{11}{18}}$

$\dfrac{5}{6} - \dfrac{5}{12} = \boxed{\dfrac{5}{12}}$

$\dfrac{2}{9} - \dfrac{1}{12} = \boxed{\dfrac{5}{36}}$

$\dfrac{3}{4} - \dfrac{3}{20} = \boxed{\dfrac{9}{20}}$

$\dfrac{9}{10} - \dfrac{5}{6} = \boxed{\dfrac{1}{15}}$

$\dfrac{5}{9} - \dfrac{1}{15} = \boxed{\dfrac{22}{45}}$

$\dfrac{5}{6} - \dfrac{3}{10} = \boxed{\dfrac{8}{15}}$

$\dfrac{5}{12} - \dfrac{1}{9} = \boxed{\dfrac{11}{36}}$

$\dfrac{5}{12} - \dfrac{3}{10} = \boxed{\dfrac{7}{60}}$

$\dfrac{5}{16} - \dfrac{3}{20} = \boxed{\dfrac{13}{80}}$

 (3주) 월 일

🌱 분모의 최소공배수를 공통분모로 하여 통분한 후 뺄셈을 하세요. 계산 결과는 기약분수로 나타내세요.

$\dfrac{4}{5} - \dfrac{3}{8} = \boxed{\dfrac{17}{40}}$

$\dfrac{2}{3} - \dfrac{2}{9} = \boxed{\dfrac{4}{9}}$

$\dfrac{2}{5} - \dfrac{4}{15} = \boxed{\dfrac{2}{15}}$

$\dfrac{7}{8} - \dfrac{13}{16} = \boxed{\dfrac{1}{16}}$

$\dfrac{7}{12} - \dfrac{4}{9} = \boxed{\dfrac{5}{36}}$

$\dfrac{4}{15} - \dfrac{1}{6} = \boxed{\dfrac{1}{10}}$

$\dfrac{3}{10} - \dfrac{3}{20} = \boxed{\dfrac{3}{20}}$

$\dfrac{7}{12} - \dfrac{4}{15} = \boxed{\dfrac{19}{60}}$

$\dfrac{7}{8} - \dfrac{5}{12} = \boxed{\dfrac{11}{24}}$

$\dfrac{8}{9} - \dfrac{11}{18} = \boxed{\dfrac{5}{18}}$

$\dfrac{17}{18} - \dfrac{5}{9} = \boxed{\dfrac{7}{18}}$

$\dfrac{5}{14} - \dfrac{1}{4} = \boxed{\dfrac{3}{28}}$

$\dfrac{5}{12} - \dfrac{1}{6} = \boxed{\dfrac{1}{4}}$

$\dfrac{3}{10} - \dfrac{1}{12} = \boxed{\dfrac{13}{60}}$

P
44
~
45

3일차 진분수의 뺄셈 (3)

🐝 분수를 통분하여 뺄셈을 하고 기약분수로 나타내세요.

$\dfrac{3}{8} - \dfrac{1}{4} = \boxed{\dfrac{1}{8}}$

$\dfrac{2}{3} - \dfrac{1}{4} = \boxed{\dfrac{5}{12}}$

$\dfrac{5}{6} - \dfrac{3}{4} = \boxed{\dfrac{1}{12}}$

$\dfrac{3}{8} - \dfrac{3}{10} = \boxed{\dfrac{3}{40}}$

$\dfrac{9}{10} - \dfrac{5}{6} = \boxed{\dfrac{1}{15}}$

$\dfrac{1}{9} - \dfrac{1}{12} = \boxed{\dfrac{1}{36}}$

$\dfrac{1}{4} - \dfrac{3}{14} = \boxed{\dfrac{1}{28}}$

$\dfrac{5}{9} - \dfrac{2}{5} = \boxed{\dfrac{7}{45}}$

$\dfrac{1}{2} - \dfrac{3}{11} = \boxed{\dfrac{5}{22}}$

$\dfrac{7}{12} - \dfrac{1}{2} = \boxed{\dfrac{1}{12}}$

🐝 분수를 통분하여 뺄셈을 하고 기약분수로 나타내세요.

$\dfrac{5}{6} - \dfrac{2}{9} = \boxed{\dfrac{11}{18}}$

$\dfrac{7}{8} - \dfrac{1}{2} = \boxed{\dfrac{3}{8}}$

$\dfrac{5}{9} - \dfrac{2}{10} = \boxed{\dfrac{16}{45}}$

$\dfrac{6}{7} - \dfrac{16}{21} = \boxed{\dfrac{2}{21}}$

$\dfrac{7}{12} - \dfrac{8}{15} = \boxed{\dfrac{1}{20}}$

$\dfrac{7}{12} - \dfrac{1}{8} = \boxed{\dfrac{11}{24}}$

$\dfrac{8}{13} - \dfrac{1}{3} = \boxed{\dfrac{11}{39}}$

$\dfrac{13}{15} - \dfrac{3}{4} = \boxed{\dfrac{7}{60}}$

$\dfrac{9}{16} - \dfrac{1}{16} = \boxed{\dfrac{7}{16}}$

$\dfrac{10}{11} - \dfrac{7}{8} = \boxed{\dfrac{3}{88}}$

$\dfrac{9}{14} - \dfrac{7}{12} = \boxed{\dfrac{5}{84}}$

$\dfrac{11}{12} - \dfrac{9}{16} = \boxed{\dfrac{17}{48}}$

$\dfrac{13}{20} - \dfrac{8}{15} = \boxed{\dfrac{7}{60}}$

$\dfrac{7}{8} - \dfrac{13}{18} = \boxed{\dfrac{11}{72}}$

> **TIP**
> 1일차의 두 분모의 곱으로 통분을 하는 방법은 공통분모를 구하기 편하지만 계산 결과의 분모
> 와 분자가 커지는 단점이 있습니다.
> 또한 2일차의 두 분모의 최소공배수로 통분을 하는 방법은 분자끼리의 뺄셈이 간단한 반면, 최
> 소공배수를 구하는 과정이 필요하다는 단점이 있습니다. 그러므로 상황에 따라 더 적합한 통분
> 방법을 선택하여 계산하도록 해야 합니다.

46 소마셈 – D5

3주 - 분모가 다른 진분수의 뺄셈 **47**

4일차 진분수끼리의 뺄셈 퍼즐 (1)

🐝 빈 곳에 알맞은 수를 써넣으세요. 계산 결과는 기약분수로 나타내세요.

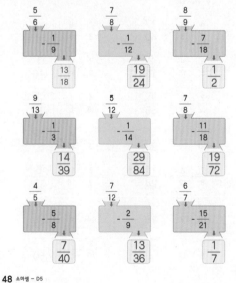

🐝 빈 곳에 알맞은 수를 써넣으세요. 계산 결과는 기약분수로 나타내세요.

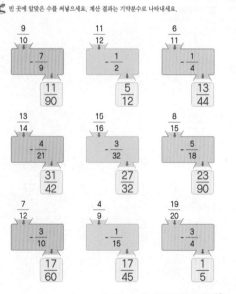

48 소마셈 – D5

3주 - 분모가 다른 진분수의 뺄셈 **49**

5 일 차 진분수끼리의 뺄셈 퍼즐 (2)

🌱 빈 곳에 두 분수의 차를 써넣으세요. 계산 결과는 기약분수로 나타내세요.

| $\frac{1}{4}$ | $\frac{1}{10}$ | $\frac{3}{20}$ | | $\frac{1}{6}$ | $\frac{4}{9}$ | $\frac{5}{18}$ |

| $\frac{1}{8}$ | $\frac{9}{16}$ | $\frac{7}{16}$ | | $\frac{1}{2}$ | $\frac{7}{8}$ | $\frac{3}{8}$ |

| $\frac{2}{11}$ | $\frac{1}{9}$ | $\frac{7}{99}$ | | $\frac{3}{8}$ | $\frac{5}{12}$ | $\frac{1}{24}$ |

| $\frac{5}{7}$ | $\frac{2}{11}$ | $\frac{41}{77}$ | | $\frac{9}{10}$ | $\frac{4}{5}$ | $\frac{1}{10}$ |

| $\frac{8}{17}$ | $\frac{1}{2}$ | $\frac{1}{34}$ | | $\frac{14}{15}$ | $\frac{5}{6}$ | $\frac{1}{10}$ |

P 50 ~ 51

🌱 빈 곳에 두 분수의 차를 써넣으세요. 계산 결과는 기약분수로 나타내세요.

| $\frac{3}{5}$ | $\frac{5}{12}$ | $\frac{11}{60}$ | | $\frac{5}{6}$ | $\frac{9}{14}$ | $\frac{4}{21}$ |

| $\frac{2}{3}$ | $\frac{4}{5}$ | $\frac{2}{15}$ | | $\frac{2}{15}$ | $\frac{1}{9}$ | $\frac{1}{45}$ |

| $\frac{1}{7}$ | $\frac{3}{5}$ | $\frac{16}{35}$ | | $\frac{4}{5}$ | $\frac{11}{16}$ | $\frac{9}{80}$ |

| $\frac{2}{9}$ | $\frac{17}{18}$ | $\frac{13}{18}$ | | $\frac{9}{14}$ | $\frac{3}{28}$ | $\frac{15}{28}$ |

| $\frac{8}{15}$ | $\frac{3}{10}$ | $\frac{7}{30}$ | | $\frac{14}{15}$ | $\frac{5}{12}$ | $\frac{31}{60}$ |

---

1 일 차 대분수의 뺄셈 (1)

🌱 다음과 같이 두 분모의 최소공배수를 공통분모로 하여 통분한 후 뺄셈을 하세요. 이때 계산 결과는 기약분수로 나타내세요.

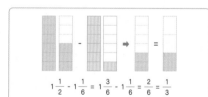

$$1\frac{1}{2} - 1\frac{1}{6} = 1\frac{3}{6} - 1\frac{1}{6} = \frac{2}{6} = \frac{1}{3}$$

$$3\frac{2}{3} - 1\frac{1}{2} = 3\frac{4}{6} - 1\frac{3}{6} = 2\frac{1}{6}$$

$$2\frac{1}{4} - 1\frac{1}{12} = 2\frac{3}{12} - 1\frac{1}{12} = 1\frac{2}{12} = 1\frac{1}{6}$$

 TIP
두 분모의 최소공배수를 공통분모로 하여 두 분수의 분모를 먼저 통분합니다. 그리고 자연수는 자연수끼리, 분수는 분수끼리 뺍니다.

P 54 ~ 55

🌱 분수를 통분하여 뺄셈을 하고 기약분수로 나타내세요.

$$4\frac{2}{3} - 1\frac{1}{2} = \boxed{3\frac{1}{6}}$$

$$2\frac{2}{3} - 1\frac{1}{4} = \boxed{1\frac{5}{12}}$$

$$3\frac{2}{3} - 1\frac{1}{7} = \boxed{2\frac{11}{21}}$$

$$1\frac{1}{3} - 1\frac{1}{5} = \boxed{\frac{2}{15}}$$

$$2\frac{3}{4} - 1\frac{1}{5} = \boxed{1\frac{11}{20}}$$

$$5\frac{6}{7} - 3\frac{1}{2} = \boxed{2\frac{5}{14}}$$

$$4\frac{3}{4} - 2\frac{1}{2} = \boxed{2\frac{1}{4}}$$

$$3\frac{1}{2} - 2\frac{1}{3} = \boxed{1\frac{2}{9}}$$

$$3\frac{7}{8} - 2\frac{1}{2} = \boxed{1\frac{3}{8}}$$

$$3\frac{5}{6} - 2\frac{2}{3} = \boxed{\frac{1}{6}}$$

$$2\frac{2}{5} - 1\frac{1}{15} = \boxed{1\frac{1}{3}}$$

$$5\frac{3}{10} - 3\frac{3}{20} = \boxed{2\frac{3}{20}}$$

$$3\frac{11}{15} - 1\frac{3}{5} = \boxed{2\frac{2}{15}}$$

$$5\frac{3}{4} - 1\frac{1}{12} = \boxed{4\frac{2}{3}}$$

P 56 ~ 57

🌱 분수를 통분하여 뺄셈을 하고 기약분수로 나타내세요.

$3\frac{3}{4} - 1\frac{1}{6} = 2\frac{7}{12}$

$2\frac{5}{6} - 2\frac{1}{4} = \frac{7}{12}$

$3\frac{3}{10} - 1\frac{1}{4} = 2\frac{1}{20}$

$5\frac{7}{8} - 2\frac{5}{6} = 3\frac{1}{24}$

$4\frac{3}{10} - 1\frac{1}{8} = 3\frac{7}{40}$

$2\frac{9}{10} - 2\frac{9}{30} = \frac{3}{5}$

$4\frac{1}{6} - 4\frac{1}{14} = \frac{2}{21}$

$4\frac{5}{6} - 1\frac{1}{3} = 3\frac{1}{2}$

$3\frac{5}{6} - 1\frac{3}{9} = 2\frac{1}{2}$

$4\frac{5}{12} - 1\frac{3}{8} = 3\frac{1}{24}$

$3\frac{3}{10} - 3\frac{1}{6} = \frac{2}{15}$

$2\frac{5}{12} - 1\frac{1}{4} = 1\frac{1}{6}$

$5\frac{2}{3} - 1\frac{3}{10} = 4\frac{11}{30}$

$3\frac{9}{20} - 2\frac{4}{15} = 1\frac{11}{60}$

56 소마셈 – D5

2일차 대분수의 뺄셈 (2)

🌱 다음과 같이 두 분모의 최소공배수를 공통분모로 하여 통분한 후 덧셈을 하세요. 이때 계산 결과는 기약분수로 나타내세요.

$$3\frac{1}{4} - 1\frac{2}{3} = 3\frac{3}{12} - 1\frac{8}{12} = 2\frac{15}{12} - 1\frac{8}{12} = 1\frac{7}{12}$$

$$4\frac{1}{3} - 2\frac{3}{4} = 4\frac{4}{12} - 2\frac{9}{12}$$
$$= 3\frac{16}{12} - 2\frac{9}{12} = 1\frac{7}{12}$$

$$3\frac{1}{6} - 2\frac{2}{3} = 3\frac{1}{6} - 2\frac{4}{6}$$
$$= 2\frac{7}{6} - 2\frac{4}{6} = \frac{3}{6} = \frac{1}{2}$$

TIP 위와 같이 대분수의 뺄셈에서는 분수끼리 뺄 수 없는 경우가 있습니다. 이때는 분수의 자연수 부분에서 1을 받아내림하여 가분수로 바꾼 후에 빼야 합니다.

4주 – 분모가 다른 대분수의 뺄셈 57

P 58 ~ 59

 신나는 연산!

🌱 분수를 통분하여 뺄셈을 하고 기약분수로 나타내세요.

$3\frac{2}{3} - 1\frac{3}{4} = 1\frac{11}{12}$

$4\frac{1}{2} - 2\frac{3}{4} = 1\frac{3}{4}$

$4\frac{2}{3} - 1\frac{5}{6} = 2\frac{5}{6}$

$2\frac{1}{4} - 1\frac{5}{6} = \frac{5}{12}$

$5\frac{1}{3} - 1\frac{4}{5} = 3\frac{8}{15}$

$2\frac{5}{8} - 1\frac{4}{5} = \frac{33}{40}$

$3\frac{2}{9} - 2\frac{7}{15} = \frac{34}{45}$

$2\frac{2}{7} - 1\frac{2}{3} = \frac{13}{21}$

$3\frac{3}{8} - 2\frac{2}{5} = \frac{39}{40}$

$5\frac{5}{8} - 2\frac{5}{6} = 2\frac{19}{24}$

$5\frac{1}{4} - 1\frac{3}{5} = 3\frac{13}{20}$

$4\frac{1}{3} - 2\frac{5}{7} = 1\frac{13}{21}$

$5\frac{5}{6} - 2\frac{7}{8} = 2\frac{23}{24}$

$3\frac{3}{8} - 1\frac{7}{18} = 1\frac{71}{72}$

58 소마셈 – D5

4주

🌱 분수를 통분하여 뺄셈을 하고 기약분수로 나타내세요.

$2\frac{1}{5} - 1\frac{2}{3} = \frac{8}{15}$

$4\frac{2}{9} - 2\frac{3}{4} = 1\frac{17}{36}$

$3\frac{1}{6} - 2\frac{7}{8} = \frac{7}{24}$

$3\frac{3}{8} - 1\frac{9}{16} = 1\frac{13}{16}$

$3\frac{1}{6} - 2\frac{8}{21} = \frac{11}{14}$

$3\frac{4}{9} - 1\frac{11}{12} = 1\frac{19}{36}$

$2\frac{5}{14} - 1\frac{5}{6} = \frac{11}{21}$

$3\frac{3}{8} - 1\frac{1}{2} = 1\frac{7}{8}$

$3\frac{1}{4} - 1\frac{4}{7} = 1\frac{19}{28}$

$4\frac{1}{4} - 2\frac{4}{5} = 1\frac{9}{20}$

$4\frac{1}{2} - 2\frac{7}{11} = 1\frac{19}{22}$

$5\frac{1}{6} - 3\frac{5}{12} = 1\frac{3}{4}$

$5\frac{3}{8} - 2\frac{9}{10} = 2\frac{19}{40}$

$3\frac{2}{15} - 1\frac{3}{5} = 1\frac{8}{15}$

4주 – 분모가 다른 대분수의 뺄셈 59

대분수의 뺄셈 (3)

🌱 분수를 통분하여 뺄셈을 하고 기약분수로 나타내세요.

$3\frac{2}{3} - 1\frac{1}{2} = \boxed{2\frac{1}{6}}$　　$2\frac{1}{6} - 1\frac{2}{9} = \boxed{\frac{17}{18}}$

$4\frac{1}{2} - 1\frac{3}{4} = \boxed{2\frac{3}{4}}$　　$3\frac{4}{5} - 1\frac{1}{6} = \boxed{2\frac{19}{30}}$

$5\frac{1}{3} - 2\frac{4}{5} = \boxed{2\frac{8}{15}}$　　$5\frac{1}{4} - 1\frac{2}{7} = \boxed{3\frac{27}{28}}$

$4\frac{1}{4} - 3\frac{2}{3} = \boxed{\frac{7}{12}}$　　$3\frac{7}{8} - 2\frac{3}{5} = \boxed{1\frac{11}{40}}$

$6\frac{2}{5} - 2\frac{2}{3} = \boxed{3\frac{11}{15}}$　　$4\frac{1}{6} - 1\frac{7}{9} = \boxed{2\frac{7}{18}}$

$6\frac{8}{9} - 1\frac{7}{15} = \boxed{5\frac{19}{45}}$　　$5\frac{3}{4} - 3\frac{3}{20} = \boxed{2\frac{3}{5}}$

$4\frac{6}{11} - 2\frac{3}{7} = \boxed{2\frac{9}{77}}$　　$2\frac{8}{21} - 1\frac{5}{9} = \boxed{\frac{52}{63}}$

 60　소마셈 – D5

4주　일　일

🌱 분수를 통분하여 뺄셈을 하고 기약분수로 나타내세요.

$3\frac{5}{8} - 1\frac{1}{2} = \boxed{2\frac{1}{8}}$　　$6\frac{1}{4} - 1\frac{5}{6} = \boxed{4\frac{5}{12}}$

$3\frac{5}{7} - 2\frac{2}{5} = \boxed{1\frac{11}{35}}$　　$2\frac{5}{6} - 1\frac{9}{14} = \boxed{1\frac{4}{21}}$

$2\frac{2}{5} - 1\frac{7}{15} = \boxed{\frac{14}{15}}$　　$6\frac{1}{3} - 1\frac{5}{12} = \boxed{4\frac{11}{12}}$

$4\frac{1}{10} - 2\frac{3}{4} = \boxed{1\frac{7}{20}}$　　$6\frac{3}{14} - 5\frac{6}{7} = \boxed{\frac{5}{14}}$

$4\frac{7}{24} - 3\frac{1}{8} = \boxed{1\frac{1}{6}}$　　$4\frac{5}{12} - 1\frac{2}{9} = \boxed{3\frac{7}{36}}$

$6\frac{2}{9} - 1\frac{5}{18} = \boxed{4\frac{17}{18}}$　　$5\frac{7}{8} - 3\frac{13}{16} = \boxed{2\frac{1}{16}}$

$4\frac{3}{20} - 2\frac{5}{12} = \boxed{1\frac{11}{15}}$　　$3\frac{5}{12} - 1\frac{5}{16} = \boxed{2\frac{5}{48}}$

4주 – 분모가 다른 대분수의 뺄셈 **61**

대분수끼리의 뺄셈 퍼즐

4주　일　일

🌱 알맞은 계산 결과를 찾아 선을 이어 보세요.

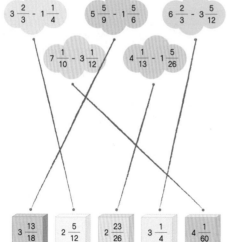

🌱 알맞은 계산 결과를 찾아 선을 이어 보세요.

 62　소마셈 – D5

4주 – 분모가 다른 대분수의 뺄셈 **63**

5 일 차 문장제

다음을 읽고 알맞은 식을 쓰고, 답을 구하세요. 계산 결과는 기약분수로 나타내세요.

노란색 테이프의 길이는 $\frac{3}{14}$ m이고, 초록색 테이프의 길이는 $\frac{5}{6}$ m입니다. 초록색 테이프는 노란색 테이프보다 얼마만큼 더 길까요?

식 : $\frac{5}{6} - \frac{3}{14} = \frac{13}{21}$

$\frac{13}{21}$ m

다음을 읽고 알맞은 식을 쓰고, 답을 구하세요. 계산 결과는 기약분수로 나타내세요.

곰 인형의 무게는 $5\frac{7}{9}$ kg이고, 장난감 자동차의 무게는 곰 인형보다 $1\frac{5}{12}$ kg 적습니다. 장난감 자동차의 무게는 몇 kg일까요?

식 : $5\frac{7}{9} - 1\frac{5}{12} = 4\frac{13}{36}$

$4\frac{13}{36}$ kg

광수는 $\frac{7}{8}$ L가 들어 있는 우유 중에서, $\frac{2}{3}$ L만큼을 마셨습니다. 남은 우유는 몇 L일까요?

식 : $\frac{7}{8} - \frac{2}{3} = \frac{5}{24}$

$\frac{5}{24}$ L

어떤 통에 $4\frac{2}{7}$ L의 석유가 들어 있습니다. 이 중에서 $1\frac{3}{8}$ L의 석유를 사용했다면 통에 남은 석유의 양은 몇 L일까요?

식 : $4\frac{2}{7} - 1\frac{3}{8} = 2\frac{51}{56}$

$2\frac{51}{56}$ L

64 소마셈 - D5

다음을 읽고 알맞은 식을 쓰고, 답을 구하세요. 계산 결과는 기약분수로 나타내세요.

현아의 가방 무게는 $4\frac{2}{3}$ kg이고, 은서의 가방 무게는 $2\frac{7}{9}$ kg입니다. 현아의 가방은 은서의 가방보다 얼마나 더 무거울까요?

식 : $4\frac{2}{3} - 2\frac{7}{9} = 1\frac{8}{9}$

$1\frac{8}{9}$ kg

다음을 읽고 알맞은 식을 쓰고, 답을 구하세요. 계산 결과는 기약분수로 나타내세요.

어떤 수에서 $\frac{3}{8}$ 을 더했더니 $\frac{19}{28}$ 가 되었습니다. 어떤 수는 무엇일까요?

식 : $\frac{19}{28} - \frac{3}{8} = \frac{17}{56}$

$\frac{17}{56}$

길이가 $6\frac{2}{3}$ m인 끈이 있습니다. 이 중 $4\frac{1}{5}$ m를 사용하였다면, 남아 있는 끈의 길이는 몇 m일까요?

식 : $6\frac{2}{3} - 4\frac{1}{5} = 2\frac{7}{15}$

$2\frac{7}{15}$ m

동우는 오늘 $\frac{4}{9}$ L의 주스를 마셨습니다. 오늘 마신 양이 어제 마신 양보다 $\frac{1}{15}$ L 더 많다면 동우가 어제 마신 우유는 몇 L일까요?

식 : $\frac{4}{9} - \frac{1}{15} = \frac{17}{45}$

$\frac{17}{45}$ L

엄마가 형과 동생에게 각자 피자 한 판씩을 주었습니다. 형은 피자 한 판의 $\frac{3}{8}$ 을 먹고, 동생은 $\frac{1}{4}$ 을 먹었다면, 형은 동생보다 얼마만큼 더 먹었을까요?

식 : $\frac{3}{8} - \frac{1}{4} = \frac{1}{8}$

$\frac{1}{8}$

수조에 $6\frac{5}{6}$ L의 물이 있습니다. 여기에 얼마만큼의 물을 더 넣었더니 수조 안의 물이 $8\frac{3}{8}$ L가 되었습니다. 물을 얼마만큼 더 넣은 것일까요?

식 : $8\frac{3}{8} - 6\frac{5}{6} = 1\frac{13}{24}$

$1\frac{13}{24}$ L

66 소마셈 - D5

P 70 ~ 71

1주차 분모가 다른 진분수의 덧셈

분수를 통분하여 덧셈을 하고 기약분수로 나타내세요.

$\dfrac{1}{2} + \dfrac{5}{6} = 1\dfrac{1}{3}$　　$\dfrac{1}{2} + \dfrac{5}{8} = 1\dfrac{1}{8}$

$\dfrac{1}{3} + \dfrac{5}{6} = 1\dfrac{1}{6}$　　$\dfrac{2}{9} + \dfrac{1}{6} = \dfrac{7}{18}$

$\dfrac{1}{2} + \dfrac{3}{8} = \dfrac{7}{8}$　　$\dfrac{5}{6} + \dfrac{7}{9} = 1\dfrac{11}{18}$

$\dfrac{1}{3} + \dfrac{2}{9} = \dfrac{5}{9}$　　$\dfrac{1}{4} + \dfrac{7}{10} = \dfrac{19}{20}$

$\dfrac{3}{10} + \dfrac{3}{14} = \dfrac{18}{35}$　　$\dfrac{7}{8} + \dfrac{5}{12} = 1\dfrac{7}{24}$

$\dfrac{7}{10} + \dfrac{1}{6} = \dfrac{13}{15}$　　$\dfrac{3}{10} + \dfrac{7}{15} = \dfrac{23}{30}$

$\dfrac{5}{8} + \dfrac{1}{12} = \dfrac{17}{24}$　　$\dfrac{2}{9} + \dfrac{5}{12} = \dfrac{23}{36}$

분수를 통분하여 덧셈을 하고 기약분수로 나타내세요.

$\dfrac{1}{4} + \dfrac{2}{5} = \dfrac{13}{20}$　　$\dfrac{1}{5} + \dfrac{1}{2} = \dfrac{7}{10}$

$\dfrac{1}{12} + \dfrac{1}{10} = \dfrac{11}{60}$　　$\dfrac{3}{4} + \dfrac{1}{14} = \dfrac{23}{28}$

$\dfrac{3}{5} + \dfrac{3}{10} = \dfrac{9}{10}$　　$\dfrac{5}{12} + \dfrac{5}{18} = \dfrac{25}{36}$

$\dfrac{7}{8} + \dfrac{5}{12} = 1\dfrac{7}{24}$　　$\dfrac{5}{7} + \dfrac{2}{21} = \dfrac{17}{21}$

$\dfrac{4}{7} + \dfrac{3}{14} = \dfrac{11}{14}$　　$\dfrac{1}{2} + \dfrac{11}{12} = 1\dfrac{5}{12}$

$\dfrac{3}{13} + \dfrac{5}{26} = \dfrac{11}{26}$　　$\dfrac{1}{12} + \dfrac{7}{15} = \dfrac{11}{20}$

$\dfrac{9}{20} + \dfrac{7}{30} = \dfrac{41}{60}$　　$\dfrac{5}{24} + \dfrac{1}{30} = \dfrac{29}{120}$

P 72 ~ 73

1주차

분수를 통분하여 덧셈을 하고 기약분수로 나타내세요.

$\dfrac{5}{6} + \dfrac{5}{11} = 1\dfrac{19}{66}$　　$\dfrac{5}{9} + \dfrac{4}{15} = \dfrac{37}{45}$

$\dfrac{3}{4} + \dfrac{5}{18} = 1\dfrac{1}{36}$　　$\dfrac{1}{10} + \dfrac{2}{15} = \dfrac{7}{30}$

$\dfrac{3}{10} + \dfrac{7}{8} = 1\dfrac{7}{40}$　　$\dfrac{5}{12} + \dfrac{17}{30} = \dfrac{59}{60}$

$\dfrac{5}{12} + \dfrac{9}{16} = \dfrac{47}{48}$　　$\dfrac{3}{10} + \dfrac{3}{25} = \dfrac{21}{50}$

$\dfrac{9}{10} + \dfrac{3}{14} = 1\dfrac{4}{35}$　　$\dfrac{1}{12} + \dfrac{4}{15} = \dfrac{7}{20}$

$\dfrac{9}{14} + \dfrac{3}{7} = 1\dfrac{1}{14}$　　$\dfrac{3}{5} + \dfrac{7}{11} = 1\dfrac{13}{55}$

$\dfrac{7}{12} + \dfrac{11}{28} = \dfrac{41}{42}$　　$\dfrac{1}{24} + \dfrac{5}{18} = \dfrac{23}{72}$

분수를 통분하여 덧셈을 하고 기약분수로 나타내세요.

$\dfrac{3}{8} + \dfrac{1}{6} = \dfrac{13}{24}$　　$\dfrac{5}{14} + \dfrac{6}{7} = 1\dfrac{3}{14}$

$\dfrac{1}{2} + \dfrac{5}{14} = \dfrac{6}{7}$　　$\dfrac{5}{6} + \dfrac{3}{16} = 1\dfrac{1}{48}$

$\dfrac{4}{9} + \dfrac{7}{15} = \dfrac{41}{45}$　　$\dfrac{4}{5} + \dfrac{4}{15} = 1\dfrac{1}{15}$

$\dfrac{3}{10} + \dfrac{5}{18} = \dfrac{26}{45}$　　$\dfrac{2}{3} + \dfrac{4}{11} = 1\dfrac{1}{33}$

$\dfrac{3}{8} + \dfrac{11}{20} = \dfrac{37}{40}$　　$\dfrac{8}{9} + \dfrac{4}{15} = 1\dfrac{7}{45}$

$\dfrac{5}{12} + \dfrac{15}{16} = 1\dfrac{17}{48}$　　$\dfrac{2}{15} + \dfrac{14}{45} = \dfrac{4}{9}$

$\dfrac{8}{13} + \dfrac{11}{26} = 1\dfrac{1}{26}$　　$\dfrac{9}{20} + \dfrac{6}{25} = \dfrac{69}{100}$

2주차 분모가 다른 대분수의 덧셈

P 74 ~ 75

분수를 통분하여 덧셈을 하고 기약분수로 나타내세요.

$1\frac{1}{2} + 2\frac{1}{5} = 3\frac{7}{10}$ $\qquad$ $2\frac{1}{4} + 2\frac{5}{6} = 5\frac{1}{12}$

$3\frac{3}{4} + 1\frac{1}{12} = 4\frac{5}{6}$ $\qquad$ $4\frac{1}{2} + 3\frac{1}{4} = 7\frac{3}{4}$

$5\frac{1}{4} + 1\frac{3}{7} = 6\frac{19}{28}$ $\qquad$ $2\frac{5}{6} + 2\frac{8}{15} = 5\frac{11}{30}$

$3\frac{2}{3} + 4\frac{5}{12} = 8\frac{1}{12}$ $\qquad$ $3\frac{1}{8} + 1\frac{7}{24} = 4\frac{5}{12}$

$2\frac{5}{12} + 2\frac{1}{24} = 4\frac{11}{24}$ $\qquad$ $4\frac{4}{9} + 2\frac{2}{15} = 6\frac{26}{45}$

$1\frac{7}{18} + 1\frac{8}{9} = 3\frac{5}{18}$ $\qquad$ $3\frac{3}{8} + 3\frac{11}{12} = 7\frac{7}{24}$

$4\frac{4}{15} + 2\frac{7}{20} = 6\frac{37}{60}$ $\qquad$ $5\frac{9}{10} + 1\frac{3}{11} = 7\frac{19}{110}$

74 소마셈 - D5

분수를 통분하여 덧셈을 하고 기약분수로 나타내세요.

$2\frac{1}{3} + 2\frac{1}{11} = 4\frac{14}{33}$ $\qquad$ $3\frac{2}{9} + 1\frac{2}{27} = 4\frac{8}{27}$

$4\frac{1}{5} + 1\frac{5}{12} = 5\frac{37}{60}$ $\qquad$ $1\frac{3}{8} + 1\frac{11}{20} = 2\frac{37}{40}$

$2\frac{1}{5} + 2\frac{3}{25} = 4\frac{8}{25}$ $\qquad$ $2\frac{3}{8} + 3\frac{7}{20} = 5\frac{29}{40}$

$1\frac{5}{13} + 1\frac{5}{26} = 2\frac{15}{26}$ $\qquad$ $5\frac{7}{36} + 2\frac{5}{12} = 7\frac{11}{18}$

$2\frac{3}{14} + 4\frac{7}{28} = 6\frac{13}{28}$ $\qquad$ $3\frac{2}{11} + 2\frac{13}{22} = 5\frac{17}{22}$

$2\frac{1}{32} + 1\frac{1}{16} = 3\frac{3}{32}$ $\qquad$ $3\frac{3}{20} + 3\frac{5}{24} = 6\frac{43}{120}$

$4\frac{7}{12} + 5\frac{13}{18} = 10\frac{11}{36}$ $\qquad$ $2\frac{1}{12} + 3\frac{15}{28} = 5\frac{13}{21}$

Drill - 보충학습 75

2주차

P 76 ~ 77

분수를 통분하여 덧셈을 하고 기약분수로 나타내세요.

$3\frac{1}{6} + 3\frac{8}{9} = 7\frac{1}{18}$ $\qquad$ $2\frac{5}{6} + 5\frac{6}{7} = 8\frac{29}{42}$

$2\frac{2}{3} + 4\frac{1}{8} = 6\frac{19}{24}$ $\qquad$ $4\frac{1}{4} + 1\frac{3}{16} = 5\frac{7}{16}$

$4\frac{1}{6} + 2\frac{7}{10} = 6\frac{13}{15}$ $\qquad$ $1\frac{5}{6} + 6\frac{5}{14} = 8\frac{4}{21}$

$1\frac{1}{8} + 5\frac{3}{16} = 6\frac{5}{16}$ $\qquad$ $3\frac{2}{9} + 3\frac{11}{12} = 7\frac{5}{36}$

$2\frac{3}{4} + 2\frac{6}{11} = 5\frac{13}{44}$ $\qquad$ $2\frac{5}{25} + 2\frac{3}{50} = 4\frac{13}{50}$

$2\frac{9}{14} + 4\frac{12}{35} = 6\frac{69}{70}$ $\qquad$ $5\frac{7}{12} + 1\frac{2}{15} = 6\frac{43}{60}$

$3\frac{3}{10} + 4\frac{18}{25} = 8\frac{1}{50}$ $\qquad$ $4\frac{11}{18} + 3\frac{7}{24} = 7\frac{65}{72}$

76 소마셈 - D5

분수를 통분하여 덧셈을 하고 기약분수로 나타내세요.

$1\frac{4}{7} + 2\frac{1}{4} = 3\frac{23}{28}$ $\qquad$ $3\frac{1}{8} + 4\frac{5}{6} = 7\frac{23}{24}$

$5\frac{3}{10} + 1\frac{5}{8} = 6\frac{37}{40}$ $\qquad$ $2\frac{1}{2} + 1\frac{8}{15} = 4\frac{1}{30}$

$3\frac{5}{6} + 3\frac{10}{21} = 7\frac{13}{42}$ $\qquad$ $1\frac{3}{4} + 6\frac{9}{14} = 8\frac{11}{28}$

$2\frac{3}{7} + 2\frac{13}{28} = 4\frac{25}{28}$ $\qquad$ $3\frac{1}{15} + 3\frac{1}{30} = 6\frac{1}{10}$

$1\frac{6}{13} + 2\frac{7}{26} = 3\frac{19}{26}$ $\qquad$ $1\frac{3}{14} + 2\frac{1}{42} = 3\frac{5}{21}$

$1\frac{4}{15} + 1\frac{7}{18} = 2\frac{59}{90}$ $\qquad$ $2\frac{7}{18} + 1\frac{13}{30} = 3\frac{37}{45}$

$3\frac{5}{14} + 2\frac{23}{42} = 5\frac{19}{21}$ $\qquad$ $2\frac{9}{28} + 2\frac{5}{36} = 4\frac{29}{63}$

Drill - 보충학습 77

3주차 분모가 다른 진분수의 뺄셈

분수를 통분하여 뺄셈을 하고 기약분수로 나타내세요.

$\dfrac{1}{4} - \dfrac{1}{5} = \dfrac{1}{20}$ $\dfrac{3}{4} - \dfrac{5}{9} = \dfrac{7}{36}$

$\dfrac{2}{3} - \dfrac{3}{7} = \dfrac{5}{21}$ $\dfrac{4}{5} - \dfrac{3}{4} = \dfrac{1}{20}$

$\dfrac{4}{5} - \dfrac{3}{8} = \dfrac{17}{40}$ $\dfrac{3}{4} - \dfrac{7}{10} = \dfrac{1}{20}$

$\dfrac{2}{3} - \dfrac{3}{8} = \dfrac{7}{24}$ $\dfrac{3}{4} - \dfrac{5}{16} = \dfrac{7}{16}$

$\dfrac{5}{8} - \dfrac{5}{24} = \dfrac{5}{12}$ $\dfrac{1}{12} - \dfrac{1}{21} = \dfrac{1}{28}$

$\dfrac{3}{14} - \dfrac{1}{12} = \dfrac{11}{84}$ $\dfrac{5}{13} - \dfrac{1}{26} = \dfrac{9}{26}$

$\dfrac{5}{16} - \dfrac{5}{18} = \dfrac{5}{144}$ $\dfrac{2}{14} - \dfrac{1}{42} = \dfrac{5}{42}$

78 소마셈 – D5

분수를 통분하여 뺄셈을 하고 기약분수로 나타내세요.

$\dfrac{2}{5} - \dfrac{1}{7} = \dfrac{9}{35}$ $\dfrac{1}{3} - \dfrac{1}{8} = \dfrac{5}{24}$

$\dfrac{5}{6} - \dfrac{3}{8} = \dfrac{11}{24}$ $\dfrac{1}{4} - \dfrac{1}{12} = \dfrac{1}{6}$

$\dfrac{5}{14} - \dfrac{1}{12} = \dfrac{23}{84}$ $\dfrac{5}{12} - \dfrac{1}{14} = \dfrac{29}{84}$

$\dfrac{7}{20} - \dfrac{5}{16} = \dfrac{3}{80}$ $\dfrac{3}{34} - \dfrac{1}{17} = \dfrac{1}{34}$

$\dfrac{7}{18} - \dfrac{5}{14} = \dfrac{2}{63}$ $\dfrac{12}{13} - \dfrac{1}{3} = \dfrac{23}{39}$

$\dfrac{5}{12} - \dfrac{3}{14} = \dfrac{17}{84}$ $\dfrac{13}{15} - \dfrac{17}{20} = \dfrac{1}{60}$

$\dfrac{9}{22} - \dfrac{1}{10} = \dfrac{17}{55}$ $\dfrac{7}{21} - \dfrac{2}{35} = \dfrac{29}{105}$

Drill – 보충학습 79

3주차

분수를 통분하여 뺄셈을 하고 기약분수로 나타내세요.

$\dfrac{3}{4} - \dfrac{2}{9} = \dfrac{19}{36}$ $\dfrac{1}{7} - \dfrac{1}{21} = \dfrac{2}{21}$

$\dfrac{7}{9} - \dfrac{1}{15} = \dfrac{32}{45}$ $\dfrac{5}{6} - \dfrac{5}{14} = \dfrac{10}{21}$

$\dfrac{2}{13} - \dfrac{1}{26} = \dfrac{3}{26}$ $\dfrac{7}{20} - \dfrac{5}{18} = \dfrac{13}{180}$

$\dfrac{15}{21} - \dfrac{1}{2} = \dfrac{3}{14}$ $\dfrac{10}{11} - \dfrac{5}{8} = \dfrac{25}{88}$

$\dfrac{4}{5} - \dfrac{5}{12} = \dfrac{23}{60}$ $\dfrac{7}{15} - \dfrac{3}{8} = \dfrac{11}{120}$

$\dfrac{17}{21} - \dfrac{11}{14} = \dfrac{1}{42}$ $\dfrac{7}{12} - \dfrac{10}{39} = \dfrac{17}{52}$

$\dfrac{5}{7} - \dfrac{7}{15} = \dfrac{26}{105}$ $\dfrac{13}{20} - \dfrac{2}{25} = \dfrac{57}{100}$

80 소마셈 – D5

분수를 통분하여 뺄셈을 하고 기약분수로 나타내세요.

$\dfrac{5}{12} - \dfrac{1}{9} = \dfrac{11}{36}$ $\dfrac{5}{9} - \dfrac{2}{11} = \dfrac{37}{99}$

$\dfrac{7}{12} - \dfrac{7}{15} = \dfrac{7}{60}$ $\dfrac{5}{12} - \dfrac{3}{16} = \dfrac{11}{48}$

$\dfrac{13}{15} - \dfrac{3}{4} = \dfrac{7}{60}$ $\dfrac{11}{12} - \dfrac{1}{8} = \dfrac{19}{24}$

$\dfrac{9}{13} - \dfrac{2}{3} = \dfrac{1}{39}$ $\dfrac{14}{15} - \dfrac{3}{4} = \dfrac{11}{60}$

$\dfrac{6}{7} - \dfrac{15}{21} = \dfrac{1}{7}$ $\dfrac{3}{32} - \dfrac{1}{24} = \dfrac{5}{96}$

$\dfrac{5}{42} - \dfrac{1}{21} = \dfrac{1}{14}$ $\dfrac{23}{35} - \dfrac{9}{14} = \dfrac{1}{70}$

$\dfrac{15}{16} - \dfrac{11}{12} = \dfrac{1}{48}$ $\dfrac{20}{27} - \dfrac{11}{18} = \dfrac{25}{54}$

Drill – 보충학습 81

정답 **103**

4주차 분모가 다른 대분수의 뺄셈

분수를 통분하여 뺄셈을 하고 기약분수로 나타내세요.

$3\frac{3}{4} - 1\frac{1}{3} = 2\frac{5}{12}$

$5\frac{1}{4} - 1\frac{5}{6} = 3\frac{5}{12}$

$2\frac{1}{3} - 2\frac{1}{7} = \frac{4}{21}$

$4\frac{1}{3} - 2\frac{1}{6} = 2\frac{1}{6}$

$5\frac{2}{3} - 1\frac{1}{8} = 4\frac{13}{24}$

$3\frac{6}{7} - 2\frac{5}{14} = 1\frac{1}{2}$

$2\frac{4}{5} - 1\frac{8}{13} = 1\frac{12}{65}$

$6\frac{3}{8} - 1\frac{7}{12} = 4\frac{19}{24}$

$5\frac{3}{14} - 1\frac{1}{4} = 3\frac{27}{28}$

$4\frac{3}{5} - 2\frac{10}{13} = 1\frac{54}{65}$

$2\frac{5}{12} - 1\frac{1}{9} = 1\frac{11}{36}$

$3\frac{7}{25} - 2\frac{1}{10} = 1\frac{9}{50}$

$3\frac{5}{8} - 1\frac{7}{18} = 2\frac{17}{72}$

$3\frac{1}{6} - 2\frac{1}{39} = 1\frac{11}{78}$

분수를 통분하여 뺄셈을 하고 기약분수로 나타내세요.

$6\frac{1}{4} - 1\frac{1}{8} = 5\frac{1}{8}$

$2\frac{4}{5} - 2\frac{1}{3} = \frac{7}{15}$

$3\frac{5}{6} - 1\frac{3}{8} = 2\frac{11}{24}$

$5\frac{1}{5} - 1\frac{3}{4} = 3\frac{9}{20}$

$5\frac{1}{6} - 1\frac{7}{8} = 3\frac{7}{24}$

$2\frac{3}{8} - 1\frac{7}{12} = \frac{19}{24}$

$4\frac{5}{6} - 1\frac{7}{8} = 2\frac{23}{24}$

$4\frac{7}{12} - 2\frac{11}{15} = 1\frac{17}{20}$

$6\frac{1}{12} - 6\frac{1}{21} = \frac{1}{28}$

$4\frac{7}{30} - 1\frac{1}{6} = 3\frac{1}{15}$

$2\frac{5}{12} - 1\frac{3}{28} = 1\frac{13}{42}$

$3\frac{1}{15} - 2\frac{1}{45} = 1\frac{2}{45}$

$4\frac{3}{20} - 3\frac{3}{16} = \frac{77}{80}$

$5\frac{9}{20} - 1\frac{4}{15} = 4\frac{11}{60}$

4주차

분수를 통분하여 뺄셈을 하고 기약분수로 나타내세요.

$2\frac{7}{8} - 1\frac{5}{6} = 1\frac{1}{24}$

$6\frac{2}{3} - 3\frac{5}{6} = 2\frac{5}{6}$

$4\frac{7}{9} - 2\frac{3}{4} = 2\frac{1}{36}$

$5\frac{5}{6} - 1\frac{1}{18} = 4\frac{7}{9}$

$3\frac{1}{2} - 2\frac{8}{13} = \frac{23}{26}$

$4\frac{1}{8} - 2\frac{7}{10} = 1\frac{17}{40}$

$3\frac{5}{6} - 1\frac{7}{18} = 2\frac{4}{9}$

$4\frac{1}{16} - 3\frac{1}{48} = 1\frac{1}{24}$

$3\frac{7}{20} - 2\frac{3}{32} = 1\frac{41}{160}$

$5\frac{7}{30} - 3\frac{1}{35} = 2\frac{43}{210}$

$3\frac{2}{15} - 1\frac{1}{45} = 2\frac{1}{9}$

$5\frac{5}{14} - 2\frac{12}{35} = 3\frac{1}{70}$

$6\frac{7}{12} - 1\frac{13}{32} = 5\frac{17}{96}$

$4\frac{3}{14} - 3\frac{5}{18} = \frac{59}{63}$

분수를 통분하여 뺄셈을 하고 기약분수로 나타내세요.

$3\frac{1}{4} - 3\frac{1}{7} = \frac{3}{28}$

$5\frac{1}{3} - 4\frac{2}{9} = 1\frac{1}{9}$

$3\frac{5}{6} - 2\frac{1}{24} = 1\frac{19}{24}$

$2\frac{2}{3} - 1\frac{3}{11} = 1\frac{13}{33}$

$4\frac{5}{9} - 1\frac{1}{12} = 3\frac{17}{36}$

$5\frac{4}{7} - 1\frac{2}{21} = 4\frac{10}{21}$

$6\frac{1}{27} - 4\frac{1}{30} = 2\frac{1}{270}$

$5\frac{3}{14} - 4\frac{6}{7} = \frac{5}{14}$

$4\frac{7}{36} - 3\frac{5}{18} = \frac{11}{12}$

$4\frac{2}{11} - 1\frac{1}{22} = 3\frac{3}{22}$

$3\frac{5}{23} - 1\frac{1}{46} = 2\frac{9}{46}$

$7\frac{5}{27} - 3\frac{7}{18} = 3\frac{43}{54}$

$4\frac{8}{45} - 2\frac{4}{27} = 2\frac{4}{135}$

$3\frac{7}{36} - 1\frac{5}{42} = 2\frac{19}{252}$